MÉMOIRES

D'ISAAC MEISSONIER

CI-DEVANT MINISTRE À ST-SAUVEUR EN VIVARAIS

(1630-1700)

Suivis d'extraits de son Livre de Raison (1680-1673)

publiés pour la première fois

par M. CHARLES AURENCHE

Extrait de la *Revue du Vivarais*

tiré à 50 exemplaires

MÉMOIRES

D'ISAAC MEISSONIER

DU MÊME AUTEUR :

Souvenirs d'un Ardéchois

COMBATTANT EN 1870-71

Privas, imp. J.-J. Roux, 1 vol. petit in-8°.

MÉMOIRES

D'Isaac MEISSONIER

CI-DEVANT MINISTRE A St-SAUVEUR EN VIVARAIS

(1630-1709)

suivis d'Extraits de son LIVRE DE RAISON *(1661-1674)*

publiés pour la première fois

PAR M. CHARLES AURENCHE

AUBENAS

IMPRIMERIE HABAUZIT

—

1916

MÉMOIRES

D'ISAAC MEISSONIER

CI-DEVANT MINISTRE A St-SAUVEUR EN VIVARAIS

(1630-1709)

suivis d'Extraits de son LIVRE DE RAISON *(1661-1674)*

publiés pour la première fois

PAR M. CHARLES AURENCHE

INTRODUCTION

Les *Mémoires* et le *Livre de Raison* (1) d'Isaac Meissonier (2) étaient jusqu'ici demeurés inédits, mais ils n'étaient pas inconnus (3). M. le pasteur Arnaud les avait consultés et utilisés dans

---

(1) Il existe plusieurs copies des *Mémoires*. Une note de M. Arnaud, placée en tête du manuscrit original, indique que « ces mémoires se trouvent aussi chez M. le marquis de Vogüé et chez M. de Châteauvieux. » M. le marquis de Vogüé a bien voulu nous faire connaître qu'il ne possède et n'a jamais possédé aucune copie de ces mémoires.

Nous avions eu connaissance d'une autre copie, appartenant à M. Passas et nous avions formé le projet de la publier ; mais, grâce à l'obligeant concours de MM. A. Le Sourd et L. Fuzier et de M. l'abbé A. Roche, nous avons pu découvrir le manuscrit original des *Mémoires ;* il appartient, de même que le *Livre de raison*, à M. Souche, de Valence, qui en a aimablement autorisé la publication.

Nous avons pu établir ainsi un texte fidèle et complet.

Le manuscrit des *Mémoires* est un cahier de papier de 16✕19 centimètres, qui comprend 127 pages, moins les pages 1 à 8 dont il faut déplorer la perte. La copie de M. Passas ne commence qu'à la page 10.

Le *Livre de raison* (1661-1674), qui est à peu près du même format, contient 2 f^{os} blancs, (que suivaient 2 f^{os} écrits, arrachés) et 67 f^{os} écrits, dont quelques-uns sont incomplets. Un autre f^o, débris d'un second livre de raison, est joint au manuscrit des *Mémoires ;* il se rapporte à l'année 1699.

(2) Nous adoptons l'orthographe *Meissonier*, choisie par l'auteur, bien qu'on trouve plus souvent *Meissonnier*.

(3) Notons que M. Henry Vaschalde a eu connaissance d'un fragment des *Mémoires*, qu'il a reproduit dans son ouvrage sur *les Inondations du Vivarais depuis le XIIIe siècle.* (Aubenas, 1890, 8°, pp. 19-21).

son importante *Histoire des Protestants du Vivarais et du Velay* (1).
Il y avait relevé des renseignements importants sur les derniers
troubles qui ensanglantèrent, sous Louis XIV, une partie du
Vivarais. M. Arnaud a d'ailleurs fondu dans son ouvrage le
récit de Meisssonier avec des détails tirés d'autres sources
contemporaines et l'on n'y retrouve pas le style et l'émotion du
mémorialiste. On ne verra donc pas sans intérêt, dans le texte
de Meissonier, l'histoire de ces lamentables événements.

Mais, pour d'autres événements encore (négligés par M. Arnaud
comme étrangers à son sujet), ces mémoires ont une réelle
importance ; on y lira sur la révolte de Roure deux pages très
curieuses, où le chroniqueur se garde d'exagérations que n'ont
pas toujours évitées les historiens d'Antoine Roure.

C'est encore à un autre point de vue que les *Mémoires* nous
sembleront précieux. Nous y trouverons le tableau d'une famille,
ou, comme le dit un peu pompeusement Meissonier, d'une
« Maison ». Nous entrerons dans un intérieur honorable, demi-
bourgeois, demi-noble, aisé, cultivé, et ce n'est pas sans surprise
que dans la suite monotone et paisible des événements intimes,
heureux ou tristes, qui jalonnent une histoire domestique, nous
rencontrerons, en quelques pages, au moins trois assassinats.
Et il ne faut pas croire à une série de malheurs épouvantables
s'abattant sur une honnête famille, car les Meissonier ne four-
nirent pas que des victimes. En novembre 1651, Isaac Ier
Meissonier, père de l'auteur, fut tué « d'un coup de bouche de
fuzil à l'estomac, qui lui enfonsa la poitrine », par Jean Brugière,
son cousin. Vers la fin de 1654, l'assassin, passant à cheval
devant la maison des Meissonier, reçut un coup de fusil que lui
tira Jacques Meissonier, sieur du Pont, fils de sa victime, et en
mourut quelques jours après. Peu auparavant, un oncle de
l'auteur, Mr de Roves (Gaspard Meissonier), s'était « entretué »
avec son beau-fils, et c'est peut-être encore à un autre meurtre

-----

(1) Paris, 1888, 2 vol. 8°. — M. Arnaud (I, 675) signale que le titre du
manuscrit qualifie à tort notre auteur docteur en théologie et en droit et le
décore du nom « de Châteauvieux ». Quoi qu'il en soit, le manuscrit a été
recouvert de nos jours et son titre a été rectifié ainsi : « Mémoires d'Isaac
Meissonier, cy-devant ministre à Sainct-Sauveur en Vivarois. »

que l'auteur fait allusion en parlant de « la mort d'un homme » que tua, en 1632, le jeune frère de son père. Enfin les premières lignes du manuscrit se rapportent sans doute à d'autres drames, ou tout au moins à des démêlés orageux entre les Meissonier et leurs voisins les Sautel.

Ces mœurs violentes, ces vendettas toujours renouvelées n'étaient certes pas l'apanage exclusif de la famille Meissonier ; les grandes guerres civiles n'étaient pas oubliées et les Vivarois n'avaient que trop appris à mettre facilement l'épée ou le pistolet au poing.

Mais ne jugeons pas les hommes de ce temps, sur leurs seuls défauts. La chronique du ministre de Saint-Sauveur nous fournit aussi des aperçus moins noirs. Tous les hommes de cette famille furent braves, loyaux et estimés. Pons, fondateur de la maison, fit « son cours avec esclat et honneur » ; son fils Paul, qui vécut peu, était « doué des principales qualités d'un honneste homme, bien veu et concidéré des honnestes gens » ; Isaac Ier, qui leur succéda, était « courageux au possible..., bon, vivant doucement dans sa famille, sociable et de bonne compagnie, libéral, charitable et de bonne conscience. »

Ces épithètes ne sont pas l'hommage d'une aveugle piété filiale ; si Meissonier loue ses ancêtres, il sait faire des réserves : le manuscrit débute par des critiques (en trois points) sur la conduite de son bisaïeul, et l'auteur consacre tout un paragraphe aux défauts de son propre père.

Ce que nous savons des femmes de la maison augmente encore notre bonne opinion : Elisabeth de Maroste (femme de Paul Meissonier), Suzanne de la Ville (femme d'Isaac 1er) et la D^{lle} du Faure sa mère, Isabeau Floud et Isabeau de Peccat (première et seconde femmes d'Isaac IIme) semblent dignes des éloges qui leur sont décernés. Suzanne de la Ville se détache au-dessus de toutes les autres et nous apparait comme une figure vraiment touchante.

Le chroniqueur lui-même était né pacifique et le fût demeuré même si son ministère ne lui en eût fait un devoir. Il aimait la douceur et se réjouissait de trouver en sa première femme « une humeur douce et sociable..., aimant sur toutes choses la paix. »

Il rédigeait des « Avis généraux » où, immédiatement après avoir recommandé la crainte de Dieu, il prônait l'amour de la paix, l'union en famille et l'éloignement des brouillons et fâcheux, à qui il convient de « rendre honneur et civilité dans les occasions, et voilà tout ».

Meissonier était d'ailleurs un modeste ; il ne se cachait pas et ne dissimulait pas à ses enfants « le peu de talens » qu'il avait plu à Dieu de lui départir. Il était pourtant instruit, et ayant courageusement terminé des études théologiques commencées dans un âge tant soit peu avancé, il avait abordé, à ses moments de loisir, la médecine et le droit (il arriva que des notaires le qualifièrent docteur ès droits). Son livre de raison nous apprend même qu'il possédait des grammaires grecque et hébraïque.

Il écrivait beaucoup. Outre ses *Mémoires* et son *Livre de raison*, il tenait un *Livre des baptêmes* de la famille et avait copié des traités de droit et de médecine auxquels il attachait un grand prix. Il aurait voulu qu'après lui son fils continuât ses mémoires. Il classait soigneusement ses archives, et faisait tous ces travaux « suivant, disait-il, mon but et intention, qui est de donner des éclaircissements à ceux qui me succèderont. »

En effet, sa grande passion était de maintenir et d'élever sa famille. Il conservait avec ferveur le souvenir de ses ancêtres et particulièrement de son bisaïeul Pons, qu'il qualifie sans hésiter d' « homme illustre, digne d'une éternelle louange ». Son ministère même, par les ressources qu'il lui procurait, était pour lui un moyen de soutenir la « Maison ».

M. Arnaud a remarqué que Meissonier se montre, dans ses mémoires, « très attaché aux biens de ce monde. » Il est difficile, surtout après avoir parcouru le *Livre de raison*, de s'inscrire en faux contre ce jugement, mais on est tenté d'avoir quelque indulgence pour un semblable attachement, quand on voit qu'il n'a rien d'égoïste, étant uniquement inspiré par le désir de conserver et d'augmenter sa « Maison », qui depuis deux cents ans tendait à se distinguer du commun, moins par ses biens que par ses talents et ses vertus.

Nous n'avons pas à faire ici la généalogie de Meissonier, puisqu'il a pris ce soin lui-même. Nous noterons seulement que la filiation des Meyssonnier de Châteauvieux, dressée par M. Raymond de Gigord (1) est inexacte. Il est également inutile de retracer l'existence d'Isaac Meissonier puisque ses mémoires constituent une autobiographie, mais nous devons dire quelques mots de l'événement le plus important de sa carrière, sa conversion.

Isaac Meissonier fut protestant jusqu'à cinquante-cinq ans et catholique de 1685 à sa mort, arrivée en 1709. Il ne se convertit qu'à la révocation de l'Edit de Nantes ; néanmoins ses mémoires nous le montrent dès 1683 peu enthousiasmé de l'attitude de ceux qui dirigeaient les Huguenots du Vivarais.

Des sources protestantes (2), à peu près contemporaines, affirment qu'il ne se contenta pas d'adjurer sa foi, mais qu'il fit de la controverse et proclama même en chaire qu'il avait jusqu'alors « prêché le mensonge ». Il courut sur lui une épigramme, presque en vers, où ses moyens oratoires (3) étaient mis en doute :

> *Meyssonnier gesticule de la tête et du bras,*
> *Mais pour de l'éloquence, certes il n'en a pas.*

M. Arnaud ajoute que depuis sa conversion Meissonier toucha une pension de 400 livres du Clergé et de 200 livres du Roi. Si ces chiffres sont exacts (4), il est évident que Meissonier se serait enrichi en se convertissant, car ses gages de ministre, sans le casuel, ne dépassaient pas 300 livres, même lorsqu'il desservait deux Eglises ; mais il faut noter que la pension du Clergé fut réduite dès 1690 à 200 livres et que celle du Roi, au dire de l'auteur, était mal payée.

---

(1) Raymond de Gigord. *La Noblesse de la Sénéchaussée de Villeneuve-de-Berg en 1789.* Aubenas, 1894, in-4°.

(2) *Mémoire de ce qui s'est passé dans le Vivarais au sujet de la religion,* par Jean-Paul Ebruy, 20 mars 1734, et *Remarques sur le Mémoire de M. Ebruy,* par Morel dit Duvernet (Mss. Court, n° 17, B., à la Bibliothèque de Genève). Note placée en tête du manuscrit des Mémoires de Meissonier par M. E. Arnaud.

(3) On verra (p. 98 des *Mémoires*) que Meissonier se jugeait lui-même plus propre à être avocat que ministre, à cause de son défaut de mémoire.

(4) M. Arnaud a cru pouvoir lire (p. 91 du ms.) 200 l. Le texte est en fâcheux état, mais nous pensons qu'il y avait 100 et non 200.

S'il fallait chercher un motif à la conversion de notre chroniqueur, nous jugerions plus simple de penser d'abord à sa bonne
foi. Il ne parle pas de sa conversion et a même effacé un passage (2)
des *Mémoires* qui paraissait contenir quelques détails sur des
démêlés avec ses coreligionnaires. Cette réserve, à tout prendre,
est une marque de délicatesse ; Meissonier ne s'est pas jugé tenu
de s'expliquer sur une affaire de conscience, et a préféré ne pas
s'étendre sur un acte qui le mettait en contradiction avec des
êtres chers dont il vénérait la mémoire.

De plus, contrairement à une habitude fréquente chez les
transfuges, il s'est abstenu de toute violence à l'égard de ses
anciens amis, et, sans les approuver toujours, il a conservé à leur
égard une certaine bienveillance. Cet état d'esprit donne à son
ouvrage une incontestable autorité.

FIN DE L'INTRODUCTION

---

(2) **Page 111 du manuscrit.**

MÉMOIRES

D'ISAAC MEISSONIER

[CHAPITRE II (1)

LA VIE DE PONS MEISSONIER

1er CHEF DE LA MAISON]

[P. 9] maisons si proches d'esgalle condition n'ayent ou tost ou tard des desmeslés facheux.

3. de l'avoir porté un peu trop haut et au dela de ses forces, faisant des dépences plus que ses moyens ne portoient, estant honnorable avec un peu d'excès, tennant comme table ouverte à tout le monde. Les intelligences qu'il avoit avec toutes les honnestes gens du pays l'y oblig[e]oi[en]t, mais enfin c'est un abus. Ce n'est pas qu'il fut pour cela prodigue, et qu'il n'eust toutes les qualités d'un bon père de famille, mais son honnesteté naturelle l'emportoit par dessus un plus grand espargne qu'il auroit peu faire.

Modifica[tion]. — Toutes ces considérations n'empechent pas qu'il ne soit digne d'une éternelle louange, qu'il n'ait esté un homme illustre, zellé, hardi et courageux au possible, de bon sens, de bon jugement, qu'il n'ait porté la gloire de cette maison au plus haut point, qu'il ne soit son chef et patron aussi bien pour le mérite que pour l'origine ; peut-être aucun de ses dessandans ne montera à ce haut degré d'honneur qu'il estoit parvenu

---

(1) Les huit premières pages du manuscrit, qui sont perdues, contenaient le premier chapitre, vraisemblablement consacré aux origines de la famille Meissonier, et la plus grande partie du second chapitre, dont nous avons, par analogie, restitué le titre.

Après avoir retracé la vie de son bisaïeul Pons, et probablement fait son éloge, l'auteur avance quelques critiques, tempérées aussitôt par une « modification »,

de porter les choses dans l'air qu'il les portoit et d'estre si
uniquement chéri et connu.

SA MORT

Enfin il mourut en l'an 1610, trois ans après sa femme,
âgé de 75 ans, en bonne viellesse, rassasié de jours, après
avoir faict son cours avec esclat et honneur. Il avoit fait
son testement longtemps auparavant sçavoir le 9 janvier 1595
receu par M⁀ Duroure, notaire. Il ne donna que 300 l. à chacun
de ses enfans et quelque chose de plus aux filles, mais tout cela
ne seroit rien aujourd'hui, le moindre paysan en a souvent
beaucoup plus que cela. [C'estoit] pourtant environ 2400 l. de
légitime. Il n'avoit que deux domaines, Saint-Sauveur et Roves,
et bien de debte ; car une fois il fut pris en un combat à Crusol
et conduit au Montélimar et sa ranson couta 1900 l. ce qui
l'incommoda toujours, ce fut en l'an 1577 (1).

---

(1) M. Mazon, dans ses *Notes sur les Huguenots du Vivarais* (tome III,
pp. 30-31) ne signale qu'un combat important à Crussol en 1577, combat
dont le souvenir a été conservé par une petite plaquette in-8° de sept pages,
imprimée la même année à Lyon, par Benoit Rigaud. D'après cette source,
Jacques de Chambaud, seigneur de Vacherolles, chef protestant, et les siens,
avaient investi le château de Crussol, où commandait M. de Géys, gentilhomme de Saint-Péray. Rostaing d'Ourches, colonel de l'infanterie du
Dauphiné, partit de Valence, à la tête de troupes catholiques, le 28 juillet et,
sans attendre de renforts, attaqua les forces protestantes massées sous la
montagne de Crussol, qui lâchèrent pied. Les Huguenots laissèrent sur le
terrain 200 morts ou blessés, et perdirent dix ou douze prisonniers. Il se
peut que Pons ait été pris et rançonné dans cette affaire.

En 1583, on le trouve notaire à Saint-Sauveur-de-Montagut et témoin dans
l'enquête sur l'état des églises du diocèse de Viviers, poursuivie par le
vicaire général Nicolas de Vesc. *(Op. cit.* III, 166.)

En 1586, Pons apparaît de nouveau comme capitaine. Chambaud, qui vient
de lever une armée, lui a confié les fonctions de sergent-major, et les Etats
protestants assemblés en mai à Privas votent au « capitaine Meyssonnier »
une récompense de 30 écus. *(Op. cit.* III, 267-8.)

Enfin, nous trouvons un acte du 23 octobre 1598 par lequel M⁀ Pons
Meyssonnier, notaire à Saint-Sauveur, au nom et comme père de noble Pol
Meyssonnier, mari d'Ysabel de Marouste, et sire Jean du Breton et Françoise
Colombier, mariés, d'Aubenas, transigent au sujet de leurs prétentions sur les
biens de feu M⁀ˢ Guillaume et François La Faïsse et choisissent pour arbitres
M⁀ˢ M⁀ˢ Reboulet, Gamon et Sanglier, notaires. (Archives départementales,
reg. de Jacques du Serre, notaire d'Aubenas, 1598, f° 331.)

La carrière militaire de Pons Meyssonnier ne fut donc pas éclatante.

CHAPITRE III

[P. 10]　LA VIE DE PAUL MEISSONIER

2ᵉ CHEF DE LA MAISON

Paul Meissonnier, aisné et héritier de Pons, nasquit le 2ᵉ jour du mois d'aoust 1573. Comme il a fort peu vescu après son père, aussi il n'a guères peu faire de remarcable n'ayant pas eu à peine le loisir de se reconnoitre. Cependant il estoit homme de cœur et d'esprit, adroit aux armes par excellence, passant pour un des bons soldats du Vivarais. C'est pourquoi il estoit souvant employé par ses amis et en sortoit avec honneur. Il estoit de belle taille, port et maintien, doué des principales qualités d'un honneste homme ; bien vu et concidéré des honnestes gens, n'estant en rien moindre que son prédécesseur, comme les effects l'auroint justifié s'il eut autant vescu pour se faire connoitre.

En l'an 1597 il se maria avec demˡᵉ Elizabet de Maroste, de Marcols (1) (acte receu par Mᵉˢ Bernard et Cartilon, notaires), et en eut quatre enfans qui lui survescurent, trois garçons et une fille qui sont tous devenus grands et en âge de raison ; ne demeura avec elle que seize années estant descédé en l'an 1613, justement trois ans après son père, âgé de 40 ans. Son testament est reçu par Mᵉ Sentenac, notaire.

Il ne se faut pas estonner s'il n'a pas beaucoup avancé la maison l'ayant si peu gouvernée, laissant une jeusne veuve fort chargée d'enfans et de mauvaises affaires et surtout de debtes. Il n'eut pas le loisir de la liquider ni de tirer du bien de sa femme comme il auroit fait si Dieu lui eut donné une plus longue vie, car elle estoit concidérablement riche, mais ceste mort, l'eslogne-

---

(1) L'auteur avait d'abord écrit Tuech (Thueyts).

ment et la [P. 11] religion, ses biens estant pour la pluspart parmi les ennemis, furent cause qu'on n'en tira pas la moitié de ce qu'on en auroit eu autrement, joint que sa femme estant une pupille, qui n'avoit que quelques jours lorsque son père et sa mère moururent de peste, tous les papiers s'estoient perdus et ainsi nous n'en avons pas eu notre compte, ni près de là.

Néanmoins il fit quelques acquisitions pendant sa tenue et entre autres il acheta la plus grande partie de la rente de Roves du Sʳ Du Hautvilar; il fit bastir cette espaisse muraille qui est au-dessous de la maison et qui lui sert de boulevard, qu'il faut entretenir avec soing comme estant un des principaux apuis de sa conservation contre l'innondation de l'eau. Il fit sans doute beaucoup d'autres choses utiles qui sont ici obmises par ignorence.

Demˡᵉ Eliza de Maroste

Sa veuve n'estoit âgée, lorsqu'il mourut, que d'environ 26 ans, et son aisné n'avoit justement que unse ans, de sorte qu'avant qu'il peut prendre le mani'ment de la maison elle eut bien le loisir d'estre dans la souffrence et dans l'embarras ; elle soustint ce fardeau toute seule quinse ou seize ans, pandant lesquels elle vescut dans une viduité honneste et exemplaire, exempte de tout blasme, se portant honnestement et vertueusement en toutes choses, tennant un bon ordre en sa maison et faisant de nécessité vertu ; entraitenant honnestement ses enfans et leur donnant l'éducation requise selon leur portée ; elle fut tost après la mort de son mari volée des principaux meubles de cuisine qu'on enleva une nuict ; elle eut plusieurs autres afflictions et facheuses affaires comme cela est ordinaire aux veuves contre lesquelles tout le monde s'esleve.

Elle estoit pieuse, modeste, prudente en discours, charitable, se plaisant à tenir la maison propre, aimant tandrement ses enfans, recevant agréablement les parens de la maison, et agissant en tout et partout comme une femme de bien et d'honneur peut et doit agir.

[P. 12]. Elle mourut en l'an 1628 six mois après le mariage de son aisné, âgée d'environ 40 ans. (1) (Son testement est receu par M⁰ Chranbon, notaire). Dieu lui fit la grâce de voir devant son décès un chef à la maison et quelque espèce de restauration, qui est une grande consolation à ceux qui. s'en vont, bien que cela leur soit indifférant après leur mort.

Gaspard, son second fils, ne s'est marié que long temps après à Montreynaud (2) qui est mort sans enfans. Pierre le 3ᵐᵉ mourut à l'armée quatre ou cinq ans après sans s'être marié et sa fille, nommée Marie, fut donnée en mariage au Sʳ Nohé Terlinc et en eut des enfans.

---

(1) L'auteur s'est certainement trompé. Si Elisabeth de Maroste était morte à 40 ans en 1628, elle serait née en 1588, et se serait mariée (en 1597) à l'âge de neuf ans. Meissonier indique d'ailleurs lui-même, à la page précédente, qu'elle avait environ 26 ans en 1610; elle était donc née vers 1584 et avait environ 14 ans au moment de son mariage; son mari avait 24 ans. Notons que Paul Meissonier se maria à 25 ans avec Suzanne de la Ville, qui avait 16 ans.

(2) Avec Dˡˡᵉ Anne de Lapras.

CHAPITRE IV

LA VIE D'ISAAC MEISSONIER

Fils de Paul

3ᵉ CHEF DE LA MAISON

Isâc Meissonier, fils aisné et héritier de Paul et de la susnom-
mée Elizabet de Maroste, troisième chef de cette maison, est né
le 17 mars 1602. Il fut eslevé par feux les sieurs Du Pont de
Meissonier et De Lubac avec lesquels il demeura quelques
années. Il se maria avec demoiselle Suzanne de La Ville (1), fille
du Sʳ Paul de La Ville et demoiselle Jeanne du Faure, de Privas,
le 8 novembre 1627, acte receu par le Sieur Meissonnier De
Lubac, notaire.

Pour traiter son histoire métodiquement il y faut remarquer
2 choses : 1 ses bonnes qualités et avantages, 2 les malheurs
qui l'ont accompagné.

[P. 13]. Il estoit un peu de petite taille, fort délié et maigre, poil
chastain, promt, agille, diligent, bon, œconome, excellent écrivain
comme nos autres prédécesseurs qui ont tous excellé en l'écriture,
assés entendu aux affaires. Il estoit courageux au possible et
avoit du cœur autant que tout autre, il estoit franc et affectionné
au service de ses amis, il estoit bon, vivant doucement dans sa
famille, sociable et de bonne compagnie, libéral, charitable et de
bonne conscience.

Il se plaisoit assés à la raillerie et y réussissoit bien ; il n'estoit
pas quéreleux, mais pourtant il se picquoit fort d'honneur, et il

---

(1) Cette famille de la Ville était peut-être originaire de Saint-Pons-sous-
Coiron, d'après un acte passé à Villeneuve-de-Berg le 29 octobre 1515, où
sont cités comme témoins : « *Poncio La Viala, mercatore Sancti Poncii ;
Johanne La Viala, ejus fratre, mercerio, habitatore de Privacio.* »
(Archives départementales, registre de Jean Gilibert, notaire d'Aubenas,
1515-17, fᵒ 28 vᵒ). Le nom de Laville a d'ailleurs été très répandu sur tout le
pourtour du Coiron, Jean de la Ville et son fils Paul de la Ville, marchand
à Privas, sont cités en 1593. (Archives de Baix, CC. 4, fᵒ 419).

ne falloit pas beaucoup piquer pour le mettre en campagne ; il vouloit estre manié doucement et non rudoyé. Il se laissoit facilement conduire par les voyes de la douceur, mais il n'auroit jamais cédé à la force. Il estoit violant dans ses actions, et plus que ses forces ne permettoint, tant son courage estoit grand ; il estoit intrépide au milieu du péril et s'y exposoit facilemant sans exiter (1).

Il estoit judicieux, l'esprit subtil, non pourtant grand parleur, mais raisonnant solidement et en bons termes.

Un des grands avantages qu'il ait eu c'est d'avoir espousé une femme vertueuse, sage et prudente, qui a de l'esprit et des commodités honnestement, qui lui a toujours esté bonne et fidelle compagne, appui et consolation singuliere, lui ayant rendu tous les devoirs et offices conjuguaux possibles, bien vescu ensemble et travaillé de son costé puissamment au soutien de la famille.

[P. 14.] Il a eu 9 enfans, 6 fils et trois filles. Trois sont morts de son vivant, et six lui ont survescu. Je suis l'ainé et me nomme Isac comme j'ai dit dès le commencement. Les autres : François, qui est mort deux ans après, ayant toujours esté fort délicat et valétudinaire, mais autrement doué d'un bon esprit et d'un bon sens, Jacques, Paul, Jeanne et Gaspare, tous seins (sic), et bien dispos de leur corps et sans déffectuosités et defformités naturelles, loüé soit Dieu ! (2)

Le premier est depuis mort à l'armée après avoir fait la guerre dix ans et le dernier estant passé en Angleterre en l'an 1681, s'en est allé aux Indes avec les marchands anglois deux ans après et en aparence y est mort, n'ayant rien depuis apris de lui.

Il m'écrivit sur son départ de Londres en 1683 (3).

Les filles se sont mariées ; l'aisnée à Tueichs, et l'autre à Flaviac. Elles ont toutes deux des enfants de deux licts car estant devenuës veuves se sont remariées (4).

---

(1) Hésiter.
(2) Suivent six lignes rayées et illisibles.
(3) Cette phrase a été ajoutée postérieurement.
(4) Même remarque pour la fin de la page 14. D'une façon générale il faut noter que ces mémoires ont été écrits en plusieurs fois, avec des additions postérieures. Le début a été mis au net en peu de temps, puis les Mémoires

L'ainée a un fils du premier lict qui est sorti du royaume à cause de la religion et deux filles du dernier qui n'auront pas grand bien ni de père ni de mère ; et ainsi elle n'a pas esté guère hereuse dans ses mariages.

La cadete a une fille de son premier mari qui s'est mariée avec le fils de son beau-père, du premier lict ; elle a eu un fils de ce dernier mari qui est mort depuis ; come aussi la mère, et celle de Tueiz quelques années après. Et moi qui suis l'ainé aye survécu à tous les autres par la bonté de Dieu.

[P. 15]   SES MALHEURS

Quand à ses malheurs, certes, ils sont grands. Ils ont commensé dès son enfence et ont duré jusques à son tombeau.

Il perdit son père tout à fait en bas âge. La maison se trouva surchargée de debtes et de famille, fut volée comme il a esté dit et ainsi il y eut bien à faire pour lui à parer à tant de coups et à surmonter tant de difficultés.

Ayant payé après son mariage du dot de ma mere la plus grande partie des créanciers, il pensoit estre en quelque repos ; mais il se vit bientost acceulli d'une horrible tempeste, et enlassé dans une affaire criminelle, s'estant rencontré fortuitement à la mort d'un homme que son jeune frere tua ici dans le lieu (cette affaire arriva l'an 1632) ; ce qui faillit à le ruiner de fond en comble et lui ont cousté plus de deux mile escus, outre que cela l'empecha de vaquer à ses affaires domestiques et lui devora tous ses revenus pendant dix ans que ce procès demeura sur pied avant qu'il eut le moyen de s'en purger en justice ; et cependant il fut toujours vexé, ses biens annostés et n'eust été que ma mère rompit un peu les mesures de ses poursuivans par le moyen d'une provisi[o]naille et qu'on leur mit devant le naiz une substitution de mon ayeule en cas de crime, ils lui auroint encore plus fait de

---

sont devenus peu à peu une sorte de journal. On s'en rendra parfaitement compte en constatant que l'auteur (p. 24) donne 58 ans à sa mère, et, peu après (p. 28) signale sa mort à l'âge de 67 ans. Ces deux passages sont donc écrits à dix ans de distance environ. La mort de M. Floud, en 1686, a été ajoutée à la p. 28, alors que des évènements de « cette année 1668 » sont mentionnés à la p. 40, etc.

mal qu'ils ne firent ; car le défunt Sr Sautel, ennemi irreconci-
liable, prit l'action et le poursuivoit violemment, estant puissant
et entendu pour cela et ne manquant pas de mauvaise volonté.
Comme il estoit voisin il sçavoit toutes les particularités de la
maison et ainsi il n'en estoit que plus facheux. Plusieurs essayè-
rent de faire l'accord, mais il n'y eut jamais moyen tant cet home
se plaisoit dans les procès et estoit avide de nostre ruine, de sorte
que la querelle dura toute sa vie et ces différents ne se sont
terminés qu'après sa mort, avec sa veuve. Il voulait voir la fin
de mon père et envayir son bien, mais Dieu fit la grâce a mon
père de voir la sienne et de toute sa race ayant [P. 16] vescu
dix ans après lui et ayant vu mourir tous ses enfants bien qu'ils
fussent déjà en âge de marier et gens d'espérance. Ses deux fils
qui lui avoint survescu sont décédés de la petite verolle en l'an
1649 et le bien est parvenu à son frère par substitution.

Il fit une autre perte bien notable par l'innondation de l'eau
qui lui fit du ravage ou dedans [et] ou dehors de la maison pour
plus de 800 l. comme lui mesme l'a remarqué dans un escrit qu'il
en a fait joint au registre de la naissence et batteme de ses enfans.
Ce n'estoit pas peu de chose à un homme qui avoit déjà fait des
si notables pertes et soutenu par toutes les courts du ressort des
si rudes chocs et despensé des sommes si concidérables. C'estoit
pour l'accabler tout à faict sans ressource, et certes, sans une
extraordinaire bénédiction de Dieu il n'y auroit pas eu moyen de
[se] relever de tant de chutes.

Il me souvient fort bien de cette innondation et suis encore
mémoratif que j'aurois peu toucher l'eau avec la main de la
fenestre et que mon père n'ayant pas songé à boucher ses
tonneaux entreprit d'y dessendre, mais il trouva que déjà l'eau
nag[e]oit par toute la cave et ne voulut s'y engager plus avant ;
il perdit alors 30 charges de vin, toute l'huile d'une année, une
partie de son blé. L'eau emporta de plus la basse cour, les
pressoir, toutes les chastagnes, desgasta tous les fonds et fit des
grands maux dans tous les lieux circonvoisins, comme inestima-
bles. Cela arriva le 22 octobre 1637, entre jour et nuit. (1)

____

(1) L'ouvrage de M. Vaschalde sur *les Inondations du Vivarais depuis le
XIIIe siècle* (Aubenas, 1890, 8°) ne contient aucun renseignement sur cette crue.

Il fut attaint vers ses dix ou douse dernières années de la courte halaine et d'une facheuse fluction sur la poitrine qui l'incommoda fort le reste de ses jours, causée ou par disposition naturelle ou par les peines et déplaisirs que lui donnèrent ces mauvaises affaires et sa détention à Castres pandant huict mois, un lieu humide et malsain pour ceux qui n'y sont habitués pour s'en libérer par about, comme il fit moyenant cinq ou six [P. 17] cents escus qu'il lui en cousta. Il n'y a rien qui ulcère mieux les poumons que le chagrin et le mauvais air et grossier, nébuleux et aispais, tant y a que, d'où que cet accident soit procédé, il en a beaucoup souffert, comme chacun sçait que cela est ordinaire aux personnes qui ont ces incommodités.

Les prêtres d'ici le vexèrent en diverses manières et lui donnèrent beaucoup de peine à cause du fonds d'Eglise qu'il possèdoit, estant contraint, après s'estre un peu deffandu en justice de bailler d'argent sous main pour se maintenir dans la possession, en quoi il travailloit en vain, car il n'y a rien à faire avec ces gens là et enfin il l'a tout fallu abandonner et perdre l'argent baillé. Il en a cousté à tous les maistres de cette maison. Il falloit pactiser avec tous les nouveaux prieurs et curés et jetter à chacun sa pièce pour avoir la paix pour un temps. Je suis le 4ᵉ chef en droite ligne et en ai senti ma part comme les autres qui mesmes a esté plus cuisente en ce que j'en ai esté privé par about et vois tous les jours mon desplaisir devant les yeux sans ressource.

Sa mort en 1651

Après tout me voici arrivé au comble de ses infortunes ; en conscience je ne puis songer à sa fin tragique et violente sans lamenter son malheur et les fléaux qui l'ont accablé. C'est ici le dernier acte de sa tragédie et qui surpasse tous les autres, et que je ne puis raconter sans chagrin et renouvellement de douleur.

Le 29 novembre 1651, sortant de tenir la Cour, à l'absence du magistrat, et estant dans la maison de Fougeirol, Jean Brugière, son remué de germain, le tua d'un coup de bouche de fuzil à l'estomac, qui lui enfonsa la poitrine, dont il mourut trois jours après. Le pouvre ne song[e]oit à rien moins qu'à cela, se promenant avec quelques autres, ployé dans son manteau, sans aucunes armes, ne sachant pas mesme qu'il lui voulut guères du mal, de sorte qu'il eut plus tost le coup qu'il ne l'eut vu ou entendu, et la fit avec tant de promptitude, [P. 18] homme violant et robuste, qu'aucun ne le vit, bien qu'il y eut cinq ou six personnes et mesme le sieur De Lubac, leur commun oncle.

Ceste maudite malveillence mal fondée vint du bestail, lui nous ayant prèmièrement tué une chèvre dans son fonds et puis pris nos po[u]rceaux et nos gens les siens à l'insceu de mon père ; enfin, estant lachés de part et d'autre, il en rencontra un des siens à l'entrée du lieu, un peu senglant d'une morsure des autres, et, s'imaginant que mon père l'avoit faict, il prit ce prétexte pour le traiter comme il fit, lui tenant ce propos en lui donnant : « tu m'as tué un pourceau », et l'ayant jetté par terre de ce rude coup, il lui enfonsa trois costes d'un coup de pied, avant qu'aucun des assistens le put saisir pour l'empêcher de continuer ses mauvais traitementz.

La poursuite de ceste mort, ou les suites, nous couste bien cinq cents escus argent bas, car incontinant il fallut faire des grands fraits pour le faire condamner par contumace, ayant chicané au possible pour eslogner la condamnation.

Ce malheur ne le rendit pas plus avisé, car dans moins de six mois il tua un autre homme à St-Anduol de Bourlenc d'un coup de fuzil ; pour lequel meurtre estant apprehandé et conduit à Nisme, il y fut tellement favorisé qu'il ne fut que condamné aux galères pour neuf ans, et, estant mis en liberté contre toute raison, il revint ici passant et repassant souvent, dans le lieu et nous faisant à tous des insultes.

C'est pourquoi mon frère Jaques, le voyant un jour passer à cheval au devant de nos fenestres, lui tira un coup de fuzil dont il mourut quelques jours après. Cette affaire arriva vers la fin de l'an 1654. Cette dernière affaire nous cousta beaucoup, car on nous y avoint tous embarrassés pour ne sçavoir au vrai qui en estoit l'auteur, et pour y remédier promptement et y donner le meilleur ordre possible, mon frère obtint son abolition du Roi et la fit intériner à Nismes hautement, nonobstant tous les efforts

de nos parties, de sorte que dès lors chacun a esté en repos de ce
costé-là (La grace fut intérinée le 19 avril 1659).

[P. 19]. Ceste mort de mon père fut si inopinée et si prompte
qu'aucun ne songea à le faire tester ; mais par bonheur il avoit
faict un testament (est receu Meissonier, notaire le 15. 9 1638) en
faveur de ma mère quelques années auparavant par lequel il la
charg[e]oit de faire les légats à ses enfants nais et à naitre, tels
qu'elle aviseroit et de rendre son héritage à qui elle aviseroit
d'entreux et ainsi il n'y eut point de mal encore qu'il n'en fit un
en dernier lieu, or il mourut agé de cinquante ans moins trois
mois.

Voila d'estranges accidents, procédés de petits principes, et de
grandes révolutions. Ceste pouvre famille a esté violamment
assalie et balotée. Un malheur n'est pas plus tost passé qu'il en
arrive un 2, puis un 3ᵉ et enfin un 4. Le courroux de Dieu a
esclatté sur nos testes ; nous avons ressenti ses verges et ses
chastiments. Ses flots et ses vagues ont passé sur nous. Les pères
et les enfans ont beu la coupe de son indignation, mais nous
nous sommes toujours consolés en ce point, que sa verge ne
reposeroit pas toujours sur notre dos, et qu'il nous donneroit une
heureuse issue à ces tentations.

Il faut pourtant avouer que ses jugements sont incompréhen-
sibles et insondables et que nos péchés ont esté excessivement
grands (1).

[P. 20] Mon bisayeul laissa huict enfans, mon ayeul quatre,
mon ayeule demeura environ 15 ans veuve ; mon père a laissé
6 enfans et fort jeusnes, le dernier n'ayant qu'un an pour le plus.
Ma mère a demeuré dix ou unse ans veuve et tout cela dans
l'espace de moins de 60 ans.

C'est pourquoi je m'estonne que la maison soit encore en nature

---

(1) Une partie des pages 19 et 20 est déchirée. On peut cependant, pour la
page 19, restituer ce qui suit :

« . . . .

comme detes des détestables pécheurs. . . . .

. . . .
[Que Dieu bénisse] cette pouvre famille et en escarte [les malheurs dont elle
a été] accompagnée durant si longtemps ! Car de[puis . . . .] elle n'a
guere esté sans veuvages, debtes, procès civils et criminels et charge d'enfans,
bien qu'elle ait de fort petits revenus. »

et qu'elle n'ait changé de maistres et que la famille soit en l'estat qu'elle est, subsistant avec assés d'esclat suivant sa portée ; pour certain c'est ici le doigt de Dieu et une extraordinaire faveur du Ciel. S'il nous a affligés d'un costé il nous a consolés de l'autre et nous a soubtenus comme par miracle, ce qui me faict dire que c'estoit plustost des marques de son amour que de sa colère, quel jugement que la chair en fasse, sans prétendre néanmoins de nous justifier. Nous avons pourtant passé avec honneur et avons vescu du nostre sans faire tord à personne.

Je n'ai plus qu'à faire deux remarques pour la fin de ce chapitre. La 1, c'est que pour prévenir les malheurs tout autant qu'on le peut il se faut occuper a quelque profession (1).

Il a vescu véritablement avec [honneu]r mais il auroit mieux fait pour tous qu'il eut [exe]rcé quelque office, quoique non avec tant d'esclat, que d'estre pouvre sous l'appétit d'un honneur imaginaire. Si j'eusse suivi son train la maison seroit aux derniers abbois. Là où avec l'aide de Dieu, j'espere la restaurer par le moyen de [P. 21] ce que je tire de mon Ministaire et des avantages que cela peut procurer en d'autres affaires. Un homme sans profession est comme un corps sans ame ; à moins qu'il ait des grands revenus, il ne peut supporter les charges qui sont inséparables d'une grosse famille qui veut vivre avec honneur, à quoi chacun doit prendre garde et en faire son profit.

La 2, qu'il faut endurer beaucoup de ses voisins avant que venir aux extrêmes. Quand le feu est embrasé, il est bien difficile de l'estaindre. Il est bon d'apprehander les mauvaises suites et de laisser passer souvant par prudence des choses qu'on pourroit avec raison relever. Il y a tant à faire pour estouffer les inimitiés entre voisins et parens ; une génération ne suffit pas toujours ; elles s'estendent jusques aux dessendents, et ainsi celui qui endure

---

(1) Il y a là un passage déchiré, et peut être volontairement par l'auteur. On lit encore :

« C'est le vrai moyen de fuir [les m]auva[i]ses [compa]gni[es] . .une bonne maison. Là où . . . . estre autrement qu'il ne fut . . . ., ...entretenir sa famille qu'avec peine. .affaires. Il crut que c'estoit se ravaller . . . . telle ou semblable charge, et n'ayant pas de. sçeut qui faire autre chose. »

davantage est le plus sage et le plus estimé de Dieu et des hommes. Ce n'est pas que je veuille dire que mon père se soit picqué trop laigèrement en tout ce que nous avons ci-devant dit. Il n'y a point de sa faute, mais l'autre s'en est porté à ce cruel excès pour un sujet imaginaire et qui, quand mesme auroit esté vrai, estoit de très petite consequence. C'est pourquoi ceste admonition générale est bien à propos qu'il ne faut point s'emporter avec ses proches que pour de grandes injures et qu'il est necessaire de donner beaucoup aux lieux, aux temps et aux personnes, et de peser meurement toutes choses devant que se mettre en campagne et rompre l'ancienne amitié et allience.

L'Histoire de ma mère

[P. 22] Je commettrois une insigne injustice si après avoir parlé si exactement de mon père je ne disois quelque chose de ma mère. Ils ont esté trop estroitement liés ensemble pour faire une histoire différente. C'est pourquoi j'ajousterai ici son portraict et y fairai les réflections necessaires.

Elle est née le 22 septembre 1611, des sus nommés La Ville et du Faure. Son père avoit esté marié une autre fois et avoit eu plusieurs enfans de son premier lict, qui en ont tous eu d'autres, et du second deux : ma mère et un garçon. Son père mourut ab intestat d'une chûte d'un cheval qui, estant subitement espouvanté de quelque chose, le jetta par terre d'où il fut relevé à demi-mort, sans jamais plus parler ; comme aussi son aisné, qui estoit advocat, (1) décéda de la peste sans tester après la perte de Privas qui fut en l'an 1629. C'est pourquoi les biens ont esté divisés esgalement entre les autres enfans, qui est la cause que le nom de la maison s'est totallement perdu ; parce que ce n'estoit que des filles, mariées ailleurs, l'autre garçon, frère germain de ma mère, estant aussi bientost mort. De l'une de ces filles, nommée Marie, mariée au Sr Conte, de Privas, sont sortis les

---

(1) C'est probablement Etienne de la Ville, cité en 1627 comme docteur ès-droits, et nommé en 1628 dans le testament de son beau-frère Jacques Comte (*Revue du Vivarais*, XVIII, 1910, pp. 417-18)

Messieurs La Selve du Fain, petits nepveus de ma mère (1).

Elle fut mariée à l'âge de seise ans, au temps déjà marqué, 8. 9. 1627, et demeura trois ans sans avoir des enfans et à sa 19 année, elle me donna la naissance, estant son premier. Sa belle-mère, mon ayeule paternelle, estant descédée quelque mois apres son mariage, d'abord tout le soin de la maison lui tomba dessus, qui estoit véritablement bien grand, y ayant deux beaus frères et une belle-sœur qui faisoient des excessives despences ; beaucoup de debtes, la maison mal meublée, comme se ressentant encore du pillage, un grand abord de monde et des petits revenus, les légitimes trop grandes selon la faculté des biens.

C'estoit quelque chose de bien surprenant à une personne si jeusne, et qui venoit d'un lieu de repos et de contentement, mais comme elle estoit d'une humeur gentille, esveillée, courageuse [P. 23] robuste et s'addonnant dès sa jeunesse à toutes les choses du mesnage, elle a suporté ces choses là plus aisément. Ce qui lui a encore plus donné de peine, de fatigues et de déplaisirs ç'a esté cette maudite affaire criminelle dont j'ai fait ci-devant mention, arrivée environ 4 ans après. Il ne peut estre qu'une brave femme voyant son mari enlassé dans le crime n'en ait une sensible affliction. Pendant que mon père tenoit la campagne, elle avoit des allarmes et insultes continuelles : tantost les biens estoint séquestrés ; tantost il lui falloit courre jour et nuict pour chercher de l'argent ou pour lui donner des avis ; tantost on lui enlevoit des best[i]aux.

Mon père estant apprehendé fut conduit à Villeneuve de Berc devant la Chambre ardente qui y siégeoit pour lors, qui lui fut un renouvellement d'afflictions extrème. Pour subvenir aux frais de cet emprisonnement, il fallut tout coucher et engager jusques à ses joyaux. Ceste instence estant portée par appel à la Chambre de l'Edict de Castres, il fallut de nouveau jouer de ses derniers ressorts et le tirer de là par force d'argent, comme c'est l'ordi-

---

(1) Voir le même article de la *Revue du Vivarais* (p. 416-21) sur les descendants de Me Jacques Comte. C'est sa troisième fille, Marguerite, qui épousa René de la Selve du Fain et en eut un fils, André-Guy, marié à Magdeleine de Meyssonnier (*Revue du Vivarais*, V, 1897, p. 414) parente d'Isaac, mais non sa fille, comme le dit M. Raymond de Gigord.

naire en tels procès, en y employant du sien plus de cinq cens escus.

Je puis dire en peu de mots qu'elle a autant eu de peine céans que femme en puisse jamais avoir ; qu'elle a nagé contre le torrent des difficultés ; qu'un malheur n'a pas esté plustost passé qu'un autre est venu ; que c'est une merveille qu'elle soit encore en vie après tant de travaux ; que toute autre personne qu'elle auroit crevé sous le fardeau ; qu'il faut qu'elle ait esté du meilleur temperemment du monde et que Dieu l'ait miraculeusement préservée : car elle est encore saine et vigoureuse bien qu'âgée de 58 [ans] et aussi laborieuse que jamais. Pendant 33 ans qu'elle a eu la conduite de la maison elle a esté dans des fatigues continuelles. Mon pere la laissa chargée de debtes et avec quantité de facheuses affaires sur les bras, civiles et criminelles, et un bon nombre d'enfans ; de sorte qu'elle n'estoit pas sans œuvre, ni pénible occupation. Elle avoit à poursuivre la mort de mon père ; quelque temps après le curé lui osta 1500 l. du plus beau [P. 24] et du meilleur fonds qui soit dans le lieu et lui a rendu mille autres desplaisirs ; a deffendu la confiscation du bien de mon oncle de Roves, s'estant entretué avec Laforets, son beau fils ; (cet accident arriva en l'an 1653, à la Blache) a fait intériner la grâce de mon frére et enfin soutenu tant d'autres assauts qu'il serait impossible et ennuiant de les raconter. On pourra juger de toute la pièce par cest eschantillon estant connu à un chacun que tout le monde nuit aux veuves et qu'on les insulte de partout.

Ses qualités. — Quand à ses bonnes qualités, que je ne veux pas passer complètement sous silence, pour la faire encore mieux connoître, et suivant son mérite, elle a esté bien instruite dans la piété dès son enfence ; sa mère, qui estoit bien élevée, y prit tous les soins possibles et lui fit apprandre tous les pseaumes par cœur et les airs, qu'elle sçait encore, tant elle a la mémoire excellante ; elle a bien lu l'escriture sainte et l'a aussi bien en main qu'une femme puisse avoir. Elle a grande intelligence dans les affaires domestiques ; femme de bon conseil, accomodante et adroite pour sçavoir vivre avec tout le monde ; d'une humeur enjouée et divertissente, de bon entregent, parade et entretien ; elle a la parole à son commandement et s'exprime fort bien.

Officieuse par dessus toutes les personnes du monde, charitable, pieuse, zélée et affectionnée à la religion, ce qu'elle a toujours faict paroitre par une assiduelle frecantation des saintes assemblées et par le désir ardant qu'elle a eu de me faire embrasser la téologie, m'ayant dissuadé des autres facultés, et porté à cele-là avec tout l'empressement possible, sans en désister pour quelles considérations que ce fut.

Son courage. — Elle a un courage héroïque et par dessus son sexe, comme les occasions suiventes en rendent un autantique temoignage. Un jour mon père estant attaqué à la rue par deux ou trois, elle y accourut en diligence, et se jetta au milieu des espées nues et voyant qu'on portoit un coup à mon père, qu'elle ne pouvoit parer autrement, y avança le bras et eu le coup auprès du coude, qui lui fit une grande playe et lui coupa un vesseau, [P. 25] tellement qu'on eut peine d'arrester le sang et avançant à mesme temps l'autre main pour escarter quelque autre coup qu'on lui portoit, elle prit le tranchant de l'espée, qui lui coupa trois dois jusques aux os ; nonobstant tout cela elle bailla une si violante poussade à un des plus furieux qu'elle le fit trébucher sous la ruë dans les jardins et donna loisir à mon père de se retirer sans domage, après avoir faict vaillamment de son costé, qui fut au désespoir lorsqu'il la vit en cest estat, et qu'on eut toutes les peines du monde de retenir qu'il ne recommensat le combat.

Cette action, qui est des plus généreuses et qui surpasse la portée des femmes, est incroyable, mais il n'y a rien pourtant de plus vrai ; je m'en souviens fort bien et n'en parle point par ouï dire, mais comme l'ayant veu.

Elle sauva une autre fois la vie à mon père ; car un de ses plus proches [parents], estant subitement entré, lui tiroit un coup de pistolet comme il soumeilloit au coin du feu, mais l'ayant promptement saisi, [elle] donna le tems à mon père de se réveiller et de se mettre en estat de se deffendre, et le poussa viollemment dehors, esvitant un malheur de part et d'autre, bien qu'elle en reçut encore du mauvais traitemment, car il est impossible de se mesler de la fasson dans tels désordres sans en ressentir des esclats.

Je pourrois mettre en avant quantité d'autres preuves de sa générosité ; mais ces deux, si illustres, sont à mon avis plus que suffisantes pour la justifier.

Elle a une qualité bien concidérable, fort rare aux femmes, c'est qu'elle oublie aisément les injures qu'on lui faict, estant facile à la réconciliation, et ne se souvenant plus du passé quoi qu'on lui ait faict. C'est un don singulier du Ciel, propres aux seuls vrais chrestiens.

Elle a ce pouvoir sur son esprit de cacher en compagnie ses déplaisirs, et de n'en faire aucun semblant devant le monde. Ce n'est pas un petit avantage ! C'est le vrai moyen de ne descouvrir jamais ses affaires et de ne s'exposer pas à la risée du monde, car cela ne sert justement qu'à descouvrir ce qu'on a sur le cœur.

[P. 26] Elle est mesnagaire par excellence ; elle l'a bien fait paroistre dans le gouvernement de cette maison, qu'elle a bien conduite durant longtemps, tant accompagnée que seule ; elle a usé d'une grandé esconomie, a eslevé ses enfans honnestement, a payé des debtes durant son veuvage, m'a subvenu selon son pouvoir dans mes estudes et m'y a toujours poussé avec ardeur, bien que je lui fusse fort nécessaire les autres estant bien jeusnes et plus capables dans cest estat de lui donner du chagrin que de la statisfaction *(sic)* ni du soulagement.

Elle a des bons remèdes pour les blessures, pour les acouche-ments, pour le mal des mammèles, pour la perte du sang et autres incommodités et surtout elle faict d'huyle excellante pour la bruslure et pour abattre le feu des playes, tennant ces choses de sa mère, qui les avoit veu pratiquer à un fameux chyrurgien de ses parens.

Elle aime tendrement ses parens, elle est fort laborieuse et diligente, habille tout ce qui se peut de ses mains, elle a le cœur haut et en bon lieu, honnorable et recevant agréablement le monde. Elle n'est point opiniastre ni impérieuse, se laissant facilement vaincre à la raison. Sociable, de bon entretien, toute consolatoire, hardie, civile, obligente, humaisne, en un mot digne certes du nom d'héroïne et d'estre à jamais en estime et en vénération à tous les siens.

Ses enfans n'ont aucune défectuosité ni defformité corporelle

et ont honnestement de l'esprit et de l'éducation pour leur
conduite. Mais je ne pense pas qu'il y ait aucun de nous qui
l'esgalle et qui puisse marcher du pair avec elle en toutes ses
perfections ; pour moi, qui n'en ai peut estre pas moins que les
autres, je fais gloire de lui donner la victoire et de confesser
qu'elle me surmonte en tant de nobles quallités qu'elle possède
par excellence.

La Dem^{le} du Faure

J'ai ci-devant obmis de remarquer que mon ayeule, sa mère,
devint aveugle quatre ou cinq ans avant sa mort. Arrivée
environ l'an 1640, au plus fort des mauvaises affaires, [ce]
qui était un renouvelement d'afflictions, car au lieu que la
pouvre femme peut conduire [P. 27] la maison en l'absence
de ma mère, qui estoit souvent en campagne pour remédier aux
débris de la famille, elle avoit besoin d'estre conduite et assistée,
tellement tout estoit comme à l'abandon. Elle attribuoit cet
aveuglement, quand aux causes secondes, à un attachement tout
particulier aux ouvrages de l'éguille, ou bien à ce que, dans sa
jeunesse, elle alloit toujours en poil, quel temps qu'il fit, suivant
la ridicule coustume de plusieurs filles, qui se parent ordinairement de la fasson, estant prodigues de leur senté. Elle supporta
doucement cette visitation de Dieu comme une véritable chrestienne, car c'estait une brave femme (1) digne mère d'une telle
fille, issue de bon lieu, sçavoir de la maison de du Faure en
Vellai qui subsiste encore ayant néanmoins changé de religion
depuis longtemps (2).

Mr Floud

Revenant à ma mère, elle s'est remariée par le commun
avis de tous nos amis avec Sieur Pierre Floud, mon beau-père,

---

(1) L'auteur avait d'abord écrit : « C'estoit une royalle femme ».

(2) M. Louis de la Roque (Armorial de Languedoc, Généralité de Mont-
pellier, tome I, p. 201) cite un N... de Faure, Sgr de Massebrac, au diocèse
du Puy, maintenu dans sa noblesse par jugement souverain du 15 janvier 1670.

d'Annonai (1), le 27 juin 1661. Leur mariage fut receu par Mᵉ Tribuols, notaire, et consommé environ deux mois après le mien.

C'est un grand avantage à ma mère d'avoir rencontré un homme d'un tel pois, mérite et capacité, habile en sa profession médecin (?), hardi, courageux, agissant, prompt, diligent, de bon sens, de bon jugement, bonne mémoire, d'une excellente constitution, robuste de corps, prévoyant tout ce qui se peut, bien instruict en la religion et surtout dans la controverse, patétique et véhément en admonitions et qui auroit eu du tallent pour la chaire ou pour le barreau si Dieu l'y eut appellé ; fort sobre et continent, de bonne conscience, ayant la crainte de Dieu en une singulière recommandation. Il a le raisonnement fort tout ce qui se peut, et s'exprime comme il veut ayant l'esprit présant, et prévoyant à merveilles. Prudent et sage, et modeste en discours par dessus le commun ; homme de bon conseil et infatigable au travail, et de grand épargne, ayant acquis par ce moyen et la bénédiction de Dieu des biens conciderables. Il est secret et ne descouvre jamais rien de mal à propos. Il est rond et entier et sans vanité, il a bien leu [P. 28] les écritures et s'en sert adroitement au besoin. ayant du zelle et de la piété eminemment, se comportant, en un mot, en toutes choses, en homme de bien.

---

(1) La famille Floud (M. Arnaud a lu Flond), d'Annonay, avait certainement une branche catholique, puisque M. Nicod a bien voulu nous signaler un Pierre Floud qui fut vicaire général de Charles de Montchal, archevêque de Toulouse de 1627 à 1651. André Floud, marchand d'Annonay, était fermier général du droit d'équivalent au pays de Vivarais en 1596 (Archives départementales, registre de Mardochée Delagrange, notaire d'Aubenas, 1595-96, fᵒ 130 vᵒ). Un autre André Floud, qualifié « noble André de Floud », habitait Vals en 1656 et s'y était peut-être marié. Marie de Montlor, maréchale d'Ornano, lui permit, par acte du 5 avril 1656, de construire une arcade ou pontet de pierre avec couvert au dessus, pour servir de passage de la maison de Dᵉˡˡᵉ Marie de Bernardi, sa femme, où il habite, à la maison acquise par eux, ou par Dᵉˡˡᵉ Jeanne de Teyssier, sa belle-mère, de Mᵉ Jacques Pontal, marchand, le tout sis à Vals, en une ruelle allant de la grande rue à la place du four, « en sorte néanmoings que ne puisse porter préjudice ni empechement au passage du Saint-Sacrement », sous la cense annuelle de trois deniers. L'acte est passé au château d'Aubenas et signé : « Marie de Montlor. A. Floud. » (Archives départementales, reg. de Pierre du Serre, notaire d'Aubenas, 1656, fᵒ 116). On retrouvera dans le *Livre de raison* un cousin Floud, étudiant en théologie, qui est peut-être le fils de cet André Floud. On y trouvera aussi M. Floud, de Vals, et « mon oncle Floud » qui sont peut-être le même personnage. Il est à noter que le nom de Floud ou Floux est resté à un quartier de Vals, au-dessus de la source Béatrix.

Mort de ma mère

Ce 11 janvier 1679 ma mère est décédée à Annonai à 5 heures du soir, âgée de 67 ans, 3 mois et 20 jours, comme il se voit ci-devant par le temps de sa naissance. Elle est morte en bonne chréstienne, ayant doné tous les témoignages possibles de foy et de piété. Elle a esté bien servie en toutes manières et pour le corps et pour l'âme ; son mari s'en estant deubement acquitté. Elle estoit fort languissante depuis surtout environ trois ans qu'elle avoit encore esté fort attaquée de fluxion sur la poitrine, qui a esté ce qui l'a amenée à la fin ; elle estoit hasmatique depuis long temps et souffroit beaucoup les hivers ; ce qui lui estoit principalement arrivé à cause des fatigues insuportables qu'elle avoit soufertés et mauvaises affaires qui l'avoint accablée. Sa vie certes a esté bien pénible et laborieuse et affligente dans son jeune âge, et pendant le temps qu'elle a demeuré ici ; depuis son second mariage elle a esté en repos et à son aise, ayant eu cette douceur à la fin de ses jours et ayant vescu ces dix-huict ans ou environ qu'il y a de son dernier mariage assés tranquillement ; mais le mal estoit déjà pris. Enfin son heure estoit venuë pour passer de se monde en l'autre et entrer dans un meileur repos que celui-ci.

Elle a fait son dernier testament receu Baud, notaire d'Annonai, le 26 octobre dernier, par lequel elle a réglé toutes ses affaires le mieux qu'il lui a esté possible.

Mort de Mr Floud

(Il est né en 1608.) — Enfin M. Floud est aussi mort six ans après elle, au commencement de febvrier 1686, après le changement général de religion, agé de 77 ans et quelques mois, ayant fait héritier un fils que j'ai de sa fille et légué à mon ainée, Anne, qui en est aussi, quinze mile livres.

[P. 29].

CHAPITRE V

LA VIE D'ISAAC MEISSONIER

2ᵉ *du nom*

4ᵉ CHEF DE LA MAISON

Enfin me voici arrivé à faire pour moi ce que j'ai faict pour autrui et à descrire ma vie et ce qui m'est arrivé de principal, aussi bien que celle de mes ancestres. Ce seroit laisser cest ouvrage imparfait : car je suppose que puisque j'ai cherché les choses de si loin avec paine et les ai amenées jusques ici, que ceux qui viendront apres seront assez curieux pour continuer le dessain et ne le laisser pas en si beau chemin. Ils n'auront simplement qu'à escrire ce qui les consernera, mais il m'a fallu fouiller jusques à l'origine et mettre en lumière des choses qui estoint ensevelies, que je ne pouvois sçavoir pour la pluspart que par ouï dire ou par conjectures, et, de peur que pour mon particulier ils ne soint dans les mêmes difficultés, je fairai moi-mesme mon histoire en la commensent dès ma naissence et la continuant tout autant qu'il plaira à Dieu de me donner la santé et de me le permettre. Je rapporterai quelquefois des autres faits notables, arrivés en mon temps, pour le rendre d'autant plus agréable et utile.

Je suis né un dimenche 29. 7. 1630, sur les cinq heures du soir (1). Mon père prit assés de soing pour me tenir aux escoles et me tirant de là il me mit chés le sr de Lubac, mon grand oncle (2) pour me perfectionner dans l'Escriture et me fassonner avec lui comme propre à eslever la jeunesse et qui estoit toujours dans l'employ comme un habile notaire. J'y demeurai un an et

---

(1) **Ces six derniers mots sont rayés.**

(2) **Delubac de Meissonier fut notaire à Saint-Sauveur depuis 1626.
Son fils Charles de Meissonier lui succéda.
La fille de Charles, Jeanne, épousa en 1675 Jacques Aurenche.**

demi : de là, le sénéchal estant encore à Privas (1), j'y allai pour y escrire sous quelque procureur et apprendre encore mieux la pratique pour mon usage. J'y passai la plus grande partie de l'an 1646, y vivant en chambre, comme plusieurs autres jeunes gens du voisinage (2).

[P. 30] J'abandonnai bientost ceste voie pour estudier à la sollicitation de ma mère qui m'en donna les premiers mouvements après en avoir conféré avec nos amis. Alléchée en partie par les progrès qu'avoit déjà fait le Sr Chemina sous les Sieurs Dumarchés (3) père et fils, nos proches parents et voisins et par le désir qu'elle avoit de mon avancement comme une bonne mère, et l'espérance de voir la restauration de la maison en tâchant de me donner une bonne profession : elle avoit aussi quelque confience en mon naturel docile et laborieux, de sorte que je m'y appliquai dès l'abort vivement sans aucun relasche sous ces memes Messieurs, qui eurent la bonté de me despartir tous leurs soins pour cela.

Ce qui sembloit faire le plus d'obstacle à mes estudes et qui estoit un peu surprenant c'estoit notre peu de moyens et mon âge, ayant alors 17 ans et trois mois, n'ayant commensé d'estudier qu'en janvier 1647.

---

(1) Cette Chambre de Privas n'eut qu'une existence éphémère. Créée par arrêt du Conseil du 23 décembre 1643, elle était composée de magistrats du Présidial de Valence, qui furent installés le 12 août 1644. Les appels étaient portés devant le parlement de Toulouse. La Chambre de Privas fut supprimée par un autre arrêt du Conseil, en date du 19 décembre 1646.

(2) Ces onze derniers mots sont rayés dans le manuscrit.

(3) Il s'agit de Pierre Marcha, le vieux, (frère aîné de l'auteur des *Commentaires du Soldat du Vivarais)* et de Jacques, son fils. Pierre Marcha le vieux, né vers 1570, était pasteur à Gluiras, en 1609 et 1657 (A. Mazon. Notice sur Pierre Marcha, dans la *Revue du Vivarais*, III, 1895, p. 427). Les documents protestants ne citent Jacques que sous le nom de Dumarché. Voici un résumé de sa carrière, donné par M. E. Arnaud dans son *Histoire des Protestants du Dauphiné* (Paris, 1876, 8°, Tome II, p. 388).

« Dumarché (Jacques). Pasteur à Beaumont de 1646 à 1648, à Montélimar de 1650 à 1680, à Dieulefit de 1680 à 1683. Réfugié en 1684 à Vevey (Suisse) où il mourut. »

Isaac, frère de Jacques, fut juge des quatre mandements des Boutières ; c'est sans doute lui que le *Livre de raison* appelle « M. du Marché, l'avocat » ; il maria une de ses filles, Madeleine, à Marc Tailhand, d'Aubenas, aïeul du garde des sceaux, et une autre, Suzanne, à Jean-Jacques Aurenche.

COMMENCEMENT DE MES ESTUDES

Cella est fort rare qu'un jeusne homme de cest âge se veuille captiver aux lettres ; la mémoire est déjà à demi dissipée ; il faut estre subjet aux Maîtres et d'un labeur infatigable et souffrir cent autres choses de cette nature, d'où vient que plusieurs abandonnent leurs entreprises après avoir un peu gousté les peines qu'il y a d'estudier et surtout parce qu'ils ne sont plus en estat d'estre rengés par la force. Néanmoins pour moi, ayant bon courage et espérence au Seigneur, je m'embarquai en cette mer et continuai si bien ce que j'avois commensé que j'en vins à bout avec la grâce de Dieu.

Ayant demeuré une année sous mes premiers maîtres j'allai chés le sieur Daufin, ministre à Chalancon qui me garda quelques mois et de là à Beaumont en Dauphiné avec le sieur du Marché, le ministre, mon remué de germain, qui me garda trois ans et me paracheva mes classes, d'où enfin j'allai à Die y faire ma filosophie en l'an 1652 et puis ma théologie y ayant séjourné six ans, partie en chambre et partie en condition. (1)

[P. 31] Je fus interrompu dans mes estudes de théologie à cause de l'affaire de mon frère qui avoit vangé la mort de mon père, comme il a déjà esté dict, parce que nos ennemis firent tous leurs efforts pour m'y embarrasser comme l'aisné, et me rompre mes mesures, la chose estant aussi de soi inconnue comme faite de la maison. Nous despansames beaucoup pour nous deffendre et pousser le temps avec l'espaule en attendant une occasion favorable pour lui avoir une grâce, comme nous fismes 4 ans après, à l'entrée de notre Roi à Lion et l'ayant faite intériner trois mois après, je me disposai à me présenter. Il se rencontra par bonheur pour moi que le Synode fut différé d'un mois et transféré d'avril en mai : car s'il se fut convoqué comme à l'ordinaire je ne me pouvois pas présenter de cette année pour n'avoir encore en main l'intérinement de cette grâce qui m'estoit absolument nécessaire pour me deffendre contre les accusations de mes parties, qui, nonobstant tout cela, escrivirent au Synode pour s'y opposer et m'en empecher, ne pouvant s'y trouver en personne à cause

____

(1) Ces sept derniers mots sont rayés dans le manuscrit.

de l'eslognement du Synode qui estoit a Anonai, tant y a que repoussant toutes leurs acusations par bons actes on n'y eut point d'esgard.

RECEU MINISTRE

Je fus donc receu le 27 mai 1659 et donné à l'Eglise du Chanbon, et, au Synode suivant, je fus mis à Serre et à St-Pierreville, comme lieux plus commodes pour moi à cause de la proximité, et enfin à l'autre Synode on me changea St Pierreville pour St Sauveur où j'ai toujours demeuré depuis comme les seules Eglises de la province qui sont mieux à ma bienséence.

[P. 32] Estant ici en repos je songeai à me marier et le fis le 10 avril 1661 avec demoiselle Isabeau Floud, fille du sieur Floud, duquel j'ai déjà parlé et de demoiselle Marie Léorat, acte receu par Mes Tribuols et Léorat le jeusne, notaires. Nous fismes procéder à la bénédiction de notre mariage le 29 du meme mois. Il est juste que je parle plus particulièrement de ma femme affin que son mérite (1) ne soit totallement ignoré et je rende à sa vertu une partie des esloges qui lui sont deubs.

PORTRAIT DE MA Ire FEMME

Elle est d'une taille médiocre, les traicts du visage assés bien faicts et agréables, les yeux doux et gracieux ; la bouche petite et bien faite ; la face ronde et plene, (2), le front large, n'ayant en un mot aucune defformité ni deffectuosité corporelle, ayant le port et la demarche honneste, modeste et acompagnée de toute la douceur possible. Elle est d'un temperemment un peu mélancolique et flecmatique, assés sujette par ce moyen au chagrin et à la tristaisse, bien que néanmoins en compagnie elle ait une jolie pointe d'esprit et se plaise à railler et à se divertir, n'estant nullement incommode ni facheuse, elle est d'une constitution fort délicate, sujette à une fluction sur la poitrine, bien qu'elle paroisse

---

(1) L'auteur a corrigé ce passage ; voici le texte primitif : « Nous fismes procéder à la bénédiction de notre mariage le 29 du même mois et environ deux mois après j'amenai ici ma femme, de laquelle il est juste que j'en parle plus particulièrement afin que son mérite......... »

(2) L'auteur avait d'abord écrit : « replette »

robuste (1) de corps et qu'elle soit fort agissente jusques à prodi-
guer sa senté : car il n'y a point de personne plus laborieuse, ni
pénible, et qui ait un plus grand soin de son mesnage, diligente
tout ce qui se peut, tenant un bel ordre partout, et, en un mot,
se comportant comme une femme vertueuse se peut et doit
comporter en toute choses ; ne devant rien à une bonne mesna-
gère, ne laissant rien perdre de mal à propos et n'estant jamais
oisive : Elle a l'œil sur tout, entretient tout son monde avec une
grande œconomie et met les mains à tout, ne s'espargnant en
rien.

[P. 33] Elle a une grande piété, ne négligeant aucun des
exercices de piété et frécantant avec grand soin les saintes assemblées ; elle n'est pas moins charitable, ayant une singulière
compassion des pouvres et leur assistant suivant son pouvoir.

Elle est sage et prudente en discours, ne sortant jamais parole
de sa bouche qui ne soit à édification. Elle a un bon sens,
conduite et jugement et ne manque pas d'esprit. Elle travaille bien
en tous ouvrages de femmes, comme bas, dentelles, etc.

Elle est vuide de toute vanité et hyppocrisie, sans ambition ni
attachement pour le monde, ne souhétant la mort ni ne la creiniant
et l'attendant de pied ferme sous l'espérence d'une meilleure vie,
estant en tout temps bien disposée à cete dernière fin et en parlant
souvant sans chagrin et comme y prénant plaisir, ce qui procède
de son instruction, de sa bonne conscience et de son peu de senté,
s'estant toujours figurée que sa vie ne peut pas être longue.

Elle est honneste, civile et obligente, recevant agréablement les
estrangers ; elle est propre, d'une humeur douce et sociable et
aisée à gouverner et à se conformer aux sentiments de ceux qu'elle
doit ; elle n'est ni remuente ni turbulente, [aimant] sur toutes
choses la paix et la tranquilité domestique.

Elle se plait a un entretien sérieux et aux bonnes compagnies
d'où les paroles deshonnestes en sont banies ; elle est fort secrète,
autant qu'homme le puisse estre, contre le naturel des femmes
qui ne savent rien garder dans le cœur. Elle est fort modeste et
chaste en toutes choses et reconnoissante envers ses bienfai-

---

(1) Il y avait d'abord : « robuste et replaite »

teurs ; elle aime les gens de bien et déteste les autres ; en un mot elle est femme de bon conseil et je m'estime heureux d'avoir une telle compagnie.

[P. 34] Je reviens à mon sujet. Pour moi je n'ay pas fait des grands progrès dans les estudes, à cause du peu de talans qu'il a pleu à Dieu de me despartir, joint que j'ay commencé fort tard, que j'ai eu beaucoup d'autres affaires et qu'ainsi j'ai été fort distrait. Néanmoins j'ai beaucoup escrit sur plusieurs sujets, tant de téologie qu'autres et me suis estudié avec soing et diligence a m'acquiter deubement de ma profession.

Je ne dirai pas autre chose touchant ma conduite particulière, ni de ce qui peut estre de bon ou de mauvais en moy ; je laisse aux autres à en faire le jugement qu'il leur plaira. Si je me loüais il seroit imputé à flaterie et vanité, si je me blamois, on en pourroit croire plus qu'il n'y en a ; c'est pourquoi je m'en tais absolument. J'avouë bien ingenuement que j'ai fait des beveües et des manquements aussi bien que nos devanciers ; mais j'ai tout fait à bonne intention, bien que le succès n'y aye pas toujours correspondu et je crois qu'il en est autant d'eux et qu'ils ont eu les mesmes motifs.

Avis Généraux

Il est bien aisé de reprendre mais non pas de mieux faire.

Avant que de venir aux faits particuliers je donnerai ici quelques avis généraux qui ne seront peut estre pas inutiles.

1. — Il faut avoir la crainte de Dieu et faire toutes choses comme en sa présence ; le servant avec affection et l'invoquant religieusement soir et matin et mesme sur le gros du jour, si la commodité le permet. Comme David et Daniel et ce sera le moyen de se le rendre propice et favorable.

2. — Aimer la paix et la rechercher, car si l'on vouloit estriver avec ses voisins toutes les fois qu'on en a l'occasion, on serait toujours en procès et querelles et on ferait périr tout son bien en justice.

3. — Esviter tout autant qu'on peut de n'avoir rien à desmêler avec ses parents et amis. L'intérêt sème d'abord la division et romp l'amitié et fait qu'on oublie tout parantage.

[P. 35] 4. — Faire toute chose avec honneur et se maintenir toujours en bonne renommée, si une fois on l'a perduë il est bien difficile de la recouvrer.

5. — Fuir les mauvaises compagnies et n'avoir rien à desmesler avec les brouillons et les facheux : tout commerce avec eux est pernicieux ; il leur faut rendre honneur et civilité dans les occasions, et voilà tout.

6. — Tenir un bon ordre en ses affaires et surtout avoir ses papiers bien rengés et les retirer avec soing de chez les notaires et les bien conserver et ne s'en dessaisir jamais sans des extraits.

7. — Chérir ses parents, leur rendre service quand on le peut, les receuillir amiablement quand ils viennent et s'entretenir avec eux, autrement le parentage tombe dans l'indifference.

8. — Le moins qu'on se mesle des affaires d'autrui c'est le meilleur car il n'y a que peine et chagrin ; et souvant l'on s'attire du blame et de la malveillence bien qu'on s'y porte avec toute la franchise possible ; toutesfois il faut servir à ses parents et amis lorsque la necessité le requiert, le parantage estant une excuse légitime.

9. — Ceux qui viendront ci-après feront fort bien, s'ils le peuvent lorsqu'ils auront des pensées pour le mariage de s'allier dans le voisinage affin de faire des amis près desquels on peut tost recevoir du service et de la consolation quand il en est de besoin, car les parents eslognés ne servent de rien. Si je n'ai pratiqué cest avis c'est parce qu'il ne s'est pas rencontré des partis sortables, mais cependant j'en ai esté moins favorisé et en ai souffert.

10. — Faire la raison à tout le monde et payer gayement ce qu'on doit, s'il est possible, tenant ses contes bien rengéz, [P. 36] et estant de bonne convention. Il y a de la mauvaise foi de faire disputer ce qu'on doit légitimement.

11. — Y ayant aujourd'hui fort peu de véritables amis et n'y ayant pas presque trois personnes dans un voisinage qui s'aiment sainçairement surtout en ce pays où il y a beaucoup de sainte mais peu d'amitié au fonds, il ne se faut fier qu'en peu de gens, mais vivre pourtant politiquement avec tous et principalement n'exiber ses papiers qu'à ses plus chers amis et parens.

12. — On doit continuer cete histoire après moi comme une chose fort profitable à la maison, estant bien facile d'y escrire de temps en temps les choses importantes qui arriveront.

J'ai fait le plus difficile en recherchant les faits de nos prédécesseurs et dès à présent chacun ne fera que rendre raison de soi. Il en faut autant faire du registre des battemes que j'ai tous ramassés en un petit livret.

LE COMMENCEMENT DE MA CONDUITE

Au reste j'ai pris le maniement de la maison à l'âge de trente ans, en l'année 1661, et l'ai trouvée en très-mauvais estat, les fonds et bastimans ruinéz, toute desmeublée et engagée ; estant bien deub pour le moins mile escus, come il se voit par les acquits que j'en ai, sans les légitimes qui montent à peu près autant, de sorte que pour me liquider environ dix mille livres de bien que peut valloir tout le notre il m'en coûtera plus de 6.000 livres et encore est-il de fort petit revenu, ne portant qu'une centaine d'escus.

J'ay beaucoup despensé en réparations, j'ai refait les couverts, planchers, murailles des bassecourts, portaux ; garni les chambres de chaises, licts, tables ; blanchi les murailles, haussé le pigeonnier, et mis en forme de tour [P. 37] et blanchi à blanc fin, refait une partie de ce massis qui est sous la maison, que l'eau en avoit emporté du temps de mon père ; fait clore le jardin et chenevier à chaux et sable et plusieurs autres choses qu'il y a encore à faire donc je ne dis rien, qui ne seroint pas moins nécessaires.

Il en est la même chose à Roves ; j'y ai tout pris a pied, ayant trouvé les bastiments tous ruinés et destruits et les terres aussi. J'y ai bien despensé ou m'y faut despenser 1,500 fr. et du tout y a des sommaires aprises (1), par autorité de justice.

PROCÈS AVEC LES TERLINCS

J'ai eu un facheux procès et qui est encore pandant à la Chambre pour les biens de feu Sr Gaspard Meissonnier mon

---

(1) **Enquêtes.**

oncle, qui m'a esté intenté par les Terlincs ses nepveux. Ma mère s'estoit emparée de son héritage en suite d'un testament de main-privée en notre faveur. Voyant qu'il ne valoit rien, surtout au préjudice d'un de main publique qu'il avoit fait en faveur de sa femme, Anne de Lapra, en l'an 1647, receu Charrier, notaire, je pris son droit, lequel ces gens là m'ont fort contesté, tant au Sénéchal où j'ai obtenu ordonnence contre eux qu'à la chambre où il a eu arrest de partage ce qui m'a obligé à pous[s]er la discussion déjà pandante aux ordinaires par où il falloit venir, car les debtes emportent tout, et nous nous sommes débatus d'un rien ; et enfin elle y a aussi esté portée par appel y est demeurée indécise ; ayant cependant demeuré paisible possesseur d'un petit domaine qu'il y a à la Blache, qui nous couste bien tout ce qu'il vaut, soit ou en procès, ou en payement de debtes, ou en réparations, ayant pris la maison à pied, qui estoit en ruine et ayant donné à sa veuve 150 livres pour ses prétentions comme il se voit par l'accord que nous avons passé ensemble, receu Moulière, notaire de Grouson (1) en juilliet 1663.

[P. 38] J'ay recherché exactement les autres droits de la maison pour voir si nous ne possédons rien qui ne soit bien estable et j'ai trouvé tous les actes en bonne forme, que j'ai rangéz par liasses selon leur temps, mesme j'ai fait des escris pour esclairsir les difficultés qui peuvent naître sur les affaires pour peu que j'y en prévoye, qui sont avec les autres papiers ; de sorte qu'en cas de besoin il y faut avoir recours ou à mon livre de raison et a celui-ci car partout j'en touche quelque chose, suivant mon but et mon intention qui est de donner des esclaircissementz à ceux qui me succederont.

1662. Appantionnement du Pont

Voyant que le moulin du pont estait tout ruiné, la chaussée fort difficile, la rente excessive, nos autres fonds en mauvais estat ne pouvant les réparer tous, et que les tenanciers précédants y avoint mal fait leurs affaires, je l'ai appantionné à André Bertrand en l'an 1662, acte reçeu Rioufol, notaire, et m'a baillé

---

(1) **Grozon.**

200 livres en déduction du capital et me fait encore 29 l. 7 s. 6 d. de pension annuelle, me doit moudre mon blé, faire mon huile et tenir l'eau à mon pré de Golobier, sans y rien contribuer.

M. de la Tour (1) qui a le droit de prandre aussi l'eau pour conduire à son domaine de la Brugière à qui autresfois le moulin appartenoit contribue pour un quart a l'entretainement de la chaussée et béaillière suivant l'accord qui en a depuis esté fait, reçeu Mes Tribuols et Chabriols, notaires, ce qui descharge un peu le pantionnaire. La proximité de ce petit domaine et surtout la bonté et importance du pré de Roverge que j'y ai ajouté et qui estoit de notre ancien fait (mon père ayant acquis tout le reste) m'a bien quelque fois fait repentir de l'avoir bailllé. Néantmoins tout bien concidéré, mesme la charge de tenir l'eau de dessa, moyennant le quart, les ravages que l'eau fait de temps en temps au fonds et à la chaus[s]ée que le pantionnaire a fait (dans quatorze ans quatre fois) [P. 39] me mettroit fort empeine de le reprendre quand j'en serois dans la faculté et la liberté. Ceux qui viendront ci-après verront ce qu'ils auront à faire.

Mon père n'avoit jamais payé de rente ni au Chapitre du Puy, pour le fait de Reynaud que nous tenons à Roves, ni au baron de Chalancon, ni ici pour nos chastagneres à Cheylus ; et aujourd'hui il faut que je satisfaisse à tout, car ces directes sont suffisamment establies. M. de la Torrete a le droit du Chapitre ; je lui en ai passé reconnoissence le 6. 10. 1662, reçeuë Roumégoux, notaire. J'en ai esté pour 25 l. d'arreirages envers les hoirs de Reynaud qui avoint payé pour nous ceste rente. Il se voit une plus particulière déduction de ceci en mon journal, et quand aux autres elles sont encore à faire et asseurément j'en serai pour beaucoup pour les arreirages depuis 29 ans. — Ce que a este depuis réglé. (2)

1663. — NAIGE EXTRAORDINAIRE

Le 8 febvrier 1663 est tombée une sy prodigieuse quantité de neigue en ce pays qu'il y a eu 3 pans partout ; et a ensuite si

---

(1) Antoine de Vocance, seigneur de la Tour (1599-1669).

(2) Cette dernière phrase est une addition postérieure.

rudement gellé que pour enterrer les morts il a fallu fandre la
terre avec des coings de fer et la neige y a séjourné longtemps
et empêché toute communication et commerce 9 jours après il en
est encore tombé 2 pans et ainsi il y a eu avec l'autre cinq pans
au pays bas et le double aux hauts.

1666. — LES GRANDS JOURS

En l'an 1666 nous avons eu les *Grands Jours* en cete province,
qui ont fort espouvanté à l'abort tout le monde. Ils ont siègé
deux mois au Puy et autant à Nismes. Ils ont fait punir 8 ou
10 personnes et condamné quelques autres aux galaires et en des
amandes, et enfin cest orage a passé de la fasson ; y ayant eu plus
de bruit et d'espouvante que de faict.

1667. — [P. 40] Comme nous avons ici fort peu du bois pour
bruler j'ai presté 115 l. au Sr Sentenac et pour les intérets il m'a
permis de prandre du bois pour mon usage dans son fonds, acte
receu Selvy, notaire, le 15. 9. 1667.

1668. — RECHERCHE DE LA NOBLESSE

En cete année 1668 il y a eu comme un fléau général en cette
province et qui a fort fatigué les honnestes gens qui y ont
presque tous eu à faire : savoir la recherche de la noblesse. Tous
ceux qui avoint pris ceste qualité ont esté obligés à la prouver
depuis 108 [ans] et à deffaut de légitimes tiltres condamnés à
113 l. d'amande, de sorte qu'on en a tiré des sommes immenses
et que cete commission a esté des plus lucratives n'y ayant encore
jamais eu un tel parti et qui ait tant espuisé la province d'argent ;
et elle s'en sentira longtemps car cest abus s'estoit rendu fort
commun et pour peu qu'un homme eût du bien et qu'il fût considérable il se qualifioit tel et les notaires la lui donnoint (1) par
complaisence ce qui a enfin attiré cest examen (2).

---

(1) « la lui donnoint », c'est-à-dire lui donnaient la qualité de noble.

(2) C'est la première recherche de noblesse. La seconde eut lieu en 1698 et
dans les années suivantes. Les familles qui purent prouver une noblesse anté-
rieure à 1560 furent maintenues dans leurs prétentions (même si elles devaient
leur qualité à une usurpation datant de 1540). En Vivarais, où la noblesse ne
donnait aucun avantage pécuniaire, la taille étant *réelle* (comme dans tout

Mort de mon fis Jaques

Mon fils Jaques est mort sur la fin de cette année âgé de deux ans et quelques mois estant tombé dans la fièvre lente et étisie et après avoir langui 4 mois et demi il est décédé tout sec et descharné. C'estait un joli enfant, guay et esveillé, bien proportionné et grand pour son âge et qui avoit un agrément singulier ; dont aussi ma femme l'aimoit tendrement : Les soings qu'elle prit à le servir pendant toute sa maladie, la tristesse qu'elle en eut et la disposition quelle avoit déjà au même mal, contribuerent beaucoup à l'amener au tombeau car le mesme jour qu'on enterra l'enfant elle s'allita, déjà fort affoiblie et n'en releva jamais, estant décédée six semaines après en la manière qui s'en suit :

Maladie mortelle de ma 1ʳᵉ femme

[P. 41] La voyant en ce déplorable estat j'appelai son père qui demeura ici presque tout ce temps là et M. Abrial, le médecin, son couzin germain, qui y demeura aussi quelques jours ; il connut d'abord son mal et la mauvaise issue de cette maladie, la reconnoissant mortelle.

Voici le jugement qu'il en fit. *La chaleur et la sècheresse des parties qui servent à la nourriture produit une humeur bilieuse et mélancholie brulée, qui lui cause des obstructions très facheuses ; cette humeur se pourrissant là dedans avec une portion de pituite qui y découle incessamment du cerveau, ce qui produit une petite fièvre qui ne la quitte jamais et qui s'augmente tous les soirs,*

---

le Languedoc, et aussi, depuis le XVIIᵉ siècle, dans le Dauphiné, etc.), c'est-à-dire portant sur les fonds, quels qu'en fussent les possesseurs, un grand nombre de particuliers avaient pris, sans difficultés, la qualité de gentilshommes, principalement parmi ceux qui avaient suivi le parti des armes pendant les guerres civiles. En Vivarais, lors de la première recherche, 192 personnes renoncèrent spontanément à la qualité, en versant cent livres. 105 autres, qui avaient persisté dans leurs prétentions, furent condamnées contradictoirement par M. de Bezons, intendant de Languedoc, et durent payer des amendes variant entre 5 l. et 600 l. Ce « fléau général », on l'a vu, n'épargna pas notre auteur, qui figure, avec son parent André de Floud, de Vals, au nombre des 192 particuliers qui se désistèrent en payant 100 l. Les comptes des recettes de la recherche portent : « De Issaac Meyssonnier, ministre de St-Sauveur, suivant led. rolle dudit jour (16 mars 1669), article 643, la somme de Cˡ. » (Bibliothèque nationale, ms. fr. 32550, fᵒˢ 63, vᵒ et 67).

On trouvera plus loin un passage du *Livre de raison* où Meissonier dit avoir emprunté 100 et quelques livres « le tout pour payer l'amende d'avoir souffert qu'on m'ait donné la qualité de noble. »

précédée d'un petit frisson, à cause de la farmantation périodique de ces humeurs bruslées. La toux qui la presse et la douleur de son costé proviennent tant de ce que les parties nobles et vitalles ne font pas leurs fonctions avec les naturelles, que d'une portion de l'humeur pituiteuse qui descoulle de son cerveau dans la poitrine très-faible et très-délicatte. Toutes ces indispositions provenant d'une contrariété d'intempéries et de l'imbécillité des parties nobles de la malade et principalement des vitalles et naturelles seront asseurément longues et peut-estre funestes. (1) Voilà justement son avis très bien fondé qui fut tost vérifié par les suites et effets.

Ceste maladie a esté si opiniastre qu'à mesure qu'on la combattoit d'un costé elle faisoit des desordres de l'autre ; on arresta bien bientost la fièvre ; mais le ressentiment dura plus d'un mois après, qui ne la travailla pas moins, n'ayant que 7 à 8 heures de relasche dans les 24 heures et cependant la toux estoit toujours violente et aspre. Cella estant cessé, la luette lui tomba qui lui donna une inquiétude extrème pendant cinq ou six jours, ne pouvant pas seulement avaler la salive sans de grandes douleurs, à quoi ayant esté donné quelques soulagements, elle fut attaquée d'horribles tranchées de ventre et après cela d'un bénéfice de ventre qui l'accompagna jusqu'à la mort avec enflure à toutes les extrémités et nouvelles souffrences de son gozier, par l'abondence de pituite qui descoulloit de son cerveau qui relascha entièrement [P. 42] les ligamens de la luette sans espoir de remède, et enfin à ses dernières heures la fluction venoit à gorgée. Elle prit le lait d'anaisse 15 jours, mais il ne lui fit que du mal, ni tous les autres remedes qu'on lui appliqua, parce que son heure estoit venuë et qu'alors il n'y a rien qui puisse servir.

Sa piété. — Quant aux actions de piété elle a toujours eu une sainte resignation à la volonté de Dieu. Elle s'estoit si bien apprivoisée avec la mort de longue main qu'elle ne l'a point surprise. Quelques pasteurs de mes amis l'ont veuë dans sa maladie mais l'ont trouvée si résolue à tous événementz qu'ils admiroint sa généreuse disposition et son détachement pour le monde. Elle nous prioit parfois de lui lire l'Escriture ou des livres de dévotion

---

(1) **Ces symptômes sont ceux de la laryngite tuberculeuse.**

traitans de la mort et de la manière de s'y préparer. Elle récitoit souvent des psaumes comme le 6 [et] le 51, et en chantoit quelques versets. Bien que je lui fisse la prière trois fois le jour elle ne lassoit pas que de la faire en particulier, suivant sa coustume estant en senté, comme aussi toutes les fois qu'elle prenoit quelque chose.

Elle voulut communier aux festes de la Noël comme les autres et nous la fîmes porter en chèse au temple, où elle participa et y demeura comme les autres jusques à la fin de l'action, s'estant elle même doucement présentée a la table pour recevoir cete consolation, suivant son désir, ayant ce jour la quelque peu plus de repos et de relasche, après quoi elle fut toujours plus mal et ne se leva plus et mourut trois semaines apres.

Songes significatifs. — Quoique je n'ajouste guères de foi aux songes neanmoins voyant pas l'Escriture qu'il y en a de divins et significatifs et mesmes par l'expérience j'en rapporteroi ici deux qu'elle fit, vrais pronostics de sa fin.

Le premier c'est qu'elle songea qu'elle s'estoit accouchée de deux enfans et qu'après cella elle avoit esté dans un grand repos, que les ayant allétéz quelque temps ils estoint deffalis. entre ses bras a deffaut de laict. Le 2ᶜ que je la fis porter au Temple pour là l'y présenter en battesme, [P. 43] se trouvant ensuite merveilleusement satisfaite et contante. Elle fit ce dernier deux ou trois fois peu avant sa mort, et ensuite m'appelloit quelque fois son parrin. L'interpretation en est facile. Cest acouchement qui est toujours doulereux signifioit les maux qu'elle souffroit ; le repos qu'elle ressentoit ensuite la joye et la tranquillité de l'ame du fidelle ; l'acouchement encore et la delivrence de son fruit, la séparation de l'âme d'avec le corps qui se fait au grand combat de nature. La desfaillence de ses enfants a desfaut de nourriture, la mort de nos derniers enfans, dont l'un l'a précédée, comme j'ai déjà dit d'environ 2 mois, et l'autre l'a suivie incontinant après. Ce transport au temple pour là l'y présenter en batteme et la joye et la tranquillité qu'elle ressentoit ensuite, son enterrement auprès du temple où est notre cimetière et sa beatitude après la mort représentée par le batteme sans la vertu intérieure duquel nul ne peut estre sauvé ni entrer au royaume des Cieux.

Encore que sa maladie ait esté longue et doulcreuse elle n'a jamais lasché la moindre parolle d'impatience supportant son mal avec une constence admirable attendant de la main de Dieu sa délivrence. Elle n'a point fait de testament parce qu'elle estoit en puissence paternelle, que son père s'estoit retiré huict jours avant son décès et que peut estre il n'i auroit pas consenti sans quoi il estoit nul.

1669. — Elle est décédée au milieu de sa cource, agée de 36 [ans], le 19 janvier 1669 sur les neuf heures du matin. Dès les 4 heures après minuit sentant aprocher son despart, elle nous dit à tous le dernier adieu et nous voulut tous embrasser et baiser, nous appellant les uns après les autres, car elle eut l'usage de la parole jusqu'à son dernier soupir. Comme nous la vismes si basse, nous redoublames nos prières, selon son désir, mesme jusqu'à trois fois, avec pleurs et s[o]upirs cuisans, implorans avec véhémence la miséricorde divine pour elle, à quoi elle fut toujours fort attentive, y prenoit un singulier plaisir, et le remercioit. Ses dernières paroles furent [P. 44] toutes saintes et religieuses, vrais indices de sa foy et espérence, disant : « Je crois que Jésus Christ est mort pour mes offences et est ressuscité pour ma justification », expirant peu de temps après doucemant et tranquilemant à la grande edification des assistans, remettant son ame entre les mains de Dieu son fidèle Créateur et Conservateur, par devers lequel elle se repose de ses travaux et ses œuvres l'ont suivie. Comme elle a vescu au Seigneur et cheminé avec lui toute sa vie, aussi elle est morte au Seigneur et sera à jamais avec lui.

Elle estoit ici uniquement aimée et a esté plainte et regretée de tout le monde ; elle a esté enterré un dimanche en grande compagnie avec toutes les marques possibles de prendre part à notre tristaisse et desplaisir. De 7 ans et 9 mois qu'elle a demeuré en ce lieu elle n'y a [eu] aucun différant avec personne tant elle estoit politique et pacifique.

Décès de ma fille Jane

Deux fois 24 heures après est décédée Jeanne, notre plus petite
fille, agée d'un an moins 5 jours, que la pauvre deffunte vit ago-
nisante le soir avant sa mort, comme estant tombée dans les
convultions, d'où il n'y eut moyen de la tirer, quoique le médecin
y fut présent et y apportât tous ses soins. Quelques jours
auparavant elle en avoit eu des attaquées et en estoit revenuë,
mais enfin elle y retomba sans res[s]ource, à quoi elle ne peut
résister, bien qu'elle parut naturellement forte et robuste.

Voilà donc affliction sur affliction et perte sur perte. Dans environ
deux mois la moitié de la famille est deffallie ; de six personnes
il n'en est resté que trois, m'estant arrive come. a Nohemi que
le Tout-Puissant avait remplie d'amertume, qui perdit dans
quelque temps au pays de Moab, son mari et ses deux fils, et moi
ma femme et deux de mes enfans. Sur quoi je dis avec Job : le
Seigneur les avoit donnés, le Seigneur les a ostés, son saint nom
soit bénit, adorant ses jugements en toute humilité.

[P. 45] Remarques particulieres d'elle. [Isabeau Floud]

J'ajouterai à ce dessus quelques remarques ; 1. Ma femme
s'estoit reconnuë depuis longtemps de peu de durée par les
raisons alléguées, ne se réjouissant ni ne s'attristant pas beaucoup
des choses du monde, et disant qu'elle n'espéroit pas de voir ses
enfants grands. Je faisois tout ce que je pouvois pour la destourner
de ces sentimentz, mais s'estoit en vain ; et néantmoins elle
appréhendoit parfois les douleurs de la mort ; mais Dieu l'en
deslivra et les luy fit comme cesser pour lors, les ressentant moins
qu'auparavant.

2. Elle a esté semblable à sa mère en plusieurs choses estant
morte du mesme âge, d'une mème maladie et ayant eu mesme
nombre d'enfans, savoir cinq. Ma belle mère n'en laissa que deux
en vie à son décez ; de mesme c'est autant comme si ma femme
n'en avoit laissé que deux puisque l'austre estoit dans l'agonie
comme elle, et est décédée deux jours après.

3. Le sieur Ventouse, fameux médecin, et fort versé en la

chyromence, proche parent de mon beau père, lui dit en lui voyant la main du vivant mesme de ma belle-mère, sa première femme, qu'il seroit marié 3 fois ; ce qui est arrivé ; et quant aux deux filles qu'il avoit d'elle que la plus jeune mour[r]oit à l'âge de 7 ans, comme elle fit, et que l'ainée qui estoit ma femme, lui susciteroit lignée, le fairoit nommer grand père et lui rendroit service. Ce qui a esté aussi vrai, ayant sagement conduit son mesnage longtemps.

4. Nous n'avons demeuré que 8 ans moins quelque[s] mois ensemble, ce qui est fort peu pour des personnes qui sont contentes et satisfaites de leur sort, mais puisque telle a esté la volonté de Dieu je m'y soubmets et mets la main sur la bouche, parce que c'est lui qui l'a fait, et [je mets] aussi en mesme temps fin a cette funeste histoire.

[P. 46]   MARIAGE DE MA SEUR JANE.

Cette meme année 1669, en juilliet, ma sœur Jeanne s'est mariée avec Sr Antoinne Schalier, dit Pérolles, de Tueich, acte receu Rioufol, notaire, ma mère lui a constitué 760 l. que j'ai payées ou a autre pour lui dans l'an, et depuis à mon inseu en augmentation de dot 200 l. dont elle en a aussi payé la plus grande partie.

COMMISSAIRES DE L'EDIT DE NANTES

Messieurs les Commissaires exécuteurs de l'Edit de Nentes (1) ont rendu leurs jugements en ce temps touchant nos temples et n'en ont maintenu que 18, condamné deux à estre démolis, celui de Tournon et de St Cristol et le reste en partage. Dans les autres endroits de la province, il y en a eu plusieurs d'abatus et nomement au pays de Gaix et en Provence, car ç'a esté un fléau général contre nous, sous prétexte de nous servir, qui nous a partout fort fatigués et inquiétez, et estouffé plusieurs de nos Eglises, pour ne pouvoir justifier suffisamment leurs exercices, et à l'espreuve de toute chicane.

______

(1) Bazin de Bezons, intendant de Languedoc, et Balthazar Cotelier, seigneur de Peyremales, lieutenant particulier au présidial de Nimes. — Voir : Arnaud, Histoire des Protestants du Vivarais et du Velay, tome I, p. 397.

Hiver rude

Nous avons eu un très rude hyver qui a tué les oliviers, les figuiers et la plus grande partie des noyers et des vignes ; dont s'en est ensuivie une disette générale d'huyle et de vin. Le froid a esté si violant et si pénétrant qu'on a passé le Rosne à pont de glace en plusieurs endroits pendant un mois ou environ, ce qui n'estoit arrivé de la vie des vivans. L'esté a été aussi fort sec et a porté grand domage aux jeunes arbres estantz passés par ce moyen d'une extremité a l'autre, d'un grand froid à un grand chaud.

[P. 47]   1670. — La guerre de Roure

L'an 1670 la plus grande partie du Vivarès s'est révoltée contre le Roy à cause de certaines impositions sur les cabarets, les bestes de voiture, le conterolle des exploits et l'etablissement des greffiers consulaires et prudhommes en chaque communauté, dont s'en est suivi un soulèvement des peuples presque général. Imbu de cette folle imagination qu'on vouloit establir le cinq pour cent, a quoi la malice de certains brouillons, mal intentionés au bien public a beaucoup contribué, ayant posé la nuit des placards à Joyeuse à Aubenas et à Villeneuve de Berc contenant des impositions sur toutes choses, et bien qu'il n'y eut rien de plus faux, néanmoins le peuple l'a toujours creu et n'a peu estre destrompé de son erreur. C'est pourquoi il s'est assemblé près de dix mile hommes à Aubenas, sous la conduite de Roure, de la Chapelle, un simple bourgeois, plustost praticien qu'homme de guerre, et qui n'en avoit nulle connoissence, qui à l'estourdie et sans aucune concidération s'est rendu le Chef de ses rebelles. Il est vrai qu'on dit que du commencemant ils le l'y (sic) forcèrent, avec mesme quelque mauvais traitement, et menace de lui ravir ses biens, dont il avoit honnestement, n'estant pas mutin de soy, ni tant soi peu capable d'une telle entreprise, mais dès qu'il y fut une fois engagé, il commensa à gouter cest air de libertinage et de souveraineté imaginaire, et ne s'en voulut point desgager, quelles offres qu'on lui fit de la part de Sa Majesté de pardon et de récompence.

Cependant il a tranché du souverain durant quelques mois ;
a expédié des ordres, a establi des officiers, a levé des troupes,
a fait contribuer le pays et a eu l'approbation de tout le peuple,
qui le regardoit comme son protecteur et qui ne respiroit que
pour lui, a tenu assiégé le chasteau d'Aubenas, où il y avoit une
compagnie de Suisses de la part du Roy, environ six semaines,
a fait trembler pour un coup tout le Vivarès et s'il eut poussé sa
pointe et dispersé ses troupes de partout sans s'amuser à ce
[P. 48] siège chimérique ny à aucune trêve, qu'on ne faisoit que
pour l'amuser et gagner temps jusqu'à ce que les troupes du
Roy fussent arrrivées pour lui donner dessus comme on fit, il
estoit mestre de tout ; et autant qu'il auroit sommé de villes et
de places à se rendre, autant on lui en aurait délivré parce que
tout le peuple estoit pour lui et il auroit esté impossible aux
gouverneurs et magistrats de l'empescher, quels affectionnés
qu'ils eussent esté au service du Roy et auroint esté contraints
de céder à ce terron ; toutes les provinces circonvoisines estoint
dans le mesme branle et aux escoutes, n'attandans que le progrès
et les ordres de Roure ; toutefois il n'y a eu que le Bas-Vivarais
qui ait remué, tant à défaut de chef concidérable que parce que
l'affaire ne s'en est pas allé de longue et que ce mal a esté arresté
dès sa source.

Dieu n'a pas voulu bénir un si mauvais parti, ayant destitué
de prudence et de conseil les auteurs. A l'arrivée des gens du
Roy tout cella s'est dicipé sans résistence et comme la rosée
devant le soleil. Roure ne fit que montrer le nez à [la]Villedieu
avec quelque poignée de soldats et incontinant il s'enfuit. On en
prit prisonier quelques uns qu'on pandit peu de jours après à
Aubenas ou condamna aux galères. Il y en a une cinquantaine
des plus rebelles qu'on ne tenoit point qui ont esté condamnés à
la mort par contumace et réservés de l'abolition génerallle que le
Roy a donnée à la populace. Il est péri en cette guerre ou d'une
fasson ou d'autre 500 personnes, et le chef n'en a pas esté exempt,
car il fut pris quelque tems après, comme il estoit sur le point
de sortir de France, par sa faute encore, ayant passé par Tolose,
et s'estant descouvert à son procureur, qui après son despart
se sentit forcé d'en avertir la justice et incontinant on le fit

suivre et on l'attrapa. Il fut conduit à Montpelier où il a esté roué le 29 octobre. La teste lui a esté après coupée et mise sur la porte de S¹ Antoine [P. 49] à Aubenas, où particulièrement il avait maitrise et fait beaucoup du mal à plusieurs gens de bien qui vouloint reprimer ces follies. Le reste de son corps a esté exposé à la voirie sans sepulture jusqu'à une entière pourriture.

On trouve en l'anagramme de son nom son suplice : Jacques (1) Roure, *qui sera roué*.

Pendant tout ce temps là les bons serviteurs du Roy et amateurs du bien public ont esté dans des dengers extremes ; soubsonnés du peuple d'estre des partisans et de tendre à sa ruine, et si les troupes du Roy ne fussent tost arrivées, on leur auroit mal fait leurs affaires, et mesmes plusieurs en ont souffert en leurs personnes et en leurs biens ; les uns en ont esté tués et les autres vollés, et à d'autres on leur a ruiné et brulé leurs maisons, comme à Privas où l'on fit plusieurs désordres de cete nature. C'est là sommairement ce que j'ai creu devoir rapporter en passant de ce trouble.

[*1671.*] J'ay eu divers desplaisirs et facheuses affaires cette année 1671 et couru mesme risque de la vie, je n'en conterai ni l'occasion ni l'auteur car ce sont des choses estouffées. La mauvaise conduite aussi d'une certainne personne de la famille m'a procuré beaucoup du mal et du chagrin et m'a engagé à des grands frais ; il n'est pas nécessaire que j'en touche plus particulièrement les circonstances. Il suffit de ce peu que j'en ai indiqué.

J'ay pris pour une année l'Eglise de Chambon, où j'avois eu l'imposition des mains, et après la tenue du synode je suis retourné dans mes Eglises, encore que j'aye esté bien satisfait là haut et que j'y eusse de meilleurs gages ; toutefois il m'est beaucoup plus avantageux d'estre ici à cause de mes affaires qui en iroint plus mal et qui requièrent ma présence.

[P. 50] Pendant ce temps là j'ai fait à 100 l. de réparation dans mes fonds ou en murailles à pierre sèche et à chaux et sable ou à planter de vigne, et le restant de mes revenus a été

---

(1) **On sait que Roure s'appelait Antoine et non Jacques.**

employé à ma subsistence, ou pour remédier à tant d'autres choses qui arrivent de jour en jour et au payement de 60 l. de debtes.

1672 — Deuxième mariage

Le 1ᵉʳ octobre 1672, j'ai repris mon Eglise de Saint-Sauveur et Serre et tost après je me suis remarié avec demoiselle Isabeau Peccat de Piemberd, fille de noble Jacob de Peccat, sʳ de Piembert (1) et de demoiselle Reynée de Bressieu de Vatilieu en Dauphiné, auprès de l'Alben, veuve de sʳ Pierre Chabaud, bourg[e]ois de Baïx où sont ses biens. Nous avons fait des articles le 14. 9 de main privée, que nous avons fait rédiger de main publique le 8 10ᵇʳᵉ par M. Tribuols, notaire, et bénir notre mariage par Mʳ Brunier, ministre de Sᵗ-Fortunat, le même jour ensuite de la publication des bans faite sur les articles. — Ma femme est âgée de 37 ans (2) et moi de 42 estant assez conformes en cella, qui est mémes un moyen d'union. La disproportion d'âge estant capable de semer la division entre mariés, mais il faut que j'en dise quelque chose de plus particulier.

Portrait de la demoiselle Peccat

Elle est de belle taille, bien proportionée, plustost grosse et grasse que maigre et desliée, le visage agréable, plain, et riant et les traits assés réguliers, médiocrement blanche ; et elle a une démarche hardie et délibérée. Elle est de fort bonne constitution n'ayant jamais eu maladie. Elle est enjouée, de belle humeur, sociable, non contredisante, ni facheuse, l'esprit présant ; le sens et le jugement bon[s] et solide[s], escrivant et parlant en bons termes.

Elle entand bien son monde, a toujours frécanté les bonnes compagnies, a esté bien élevée en la maison [de Vesc] d'Espeluche a qui elle est alliée et où elle a demeuré la plus grande partie du temps et y a receu toute sorte de bons offices. [P. 51] Elle est bien

---

(1) Jacob de Peccat, sieur de Piambert, demeurait en 1670 dans le bailliage de Saint-Marcellin. Les armes de cette famille étaient : *d'azur à la bande d'or, chargée d'un lionceau de sable, armé et lampassé de gueules.* (Rivoire de la Batie, *Armorial de Dauphiné.*)

(2) **En marge** : Est née le 5 10ᵇʳᵉ 1635.

alliée dans sa province, son père est gentilhomme et d'une race concidérable.

Elle est pieuse et craignant Dieu, a toujours vescu en bonne réputation, s'estant toujours fait aimer partout ; elle aime la compagnie et les divertissements honnestes ; elle est adroite et habile à faire tout ce que les autres filles et femmes peuvent faire de leurs mains, agissant avec promptitude et adresse en toutes ses actions. Elle n'est pas moins versée en tout ce qui peut estre du mesnage.

Elle se plait à l'ordre, à la propreté et à la justice ; tout ce qu'elle porte lui sied bien ; elle est pacifique et débonnaire ; elle a un abort riant et gracieux ; elle est sinçaire et franche et ne s'agrée point au vain babil ; elle est civile et obligente, familière avec ceux que la bienséence le permet ; elle n'est point vaine, encore que Dieu l'ait douée d'assés bonnes qualités, qui ont esté bien cultivées, car rien n'a esté épargné pour son éducation, et qu'elle ait le cœur en bon lieu. En un mot elle se porte en tout en véritable chrétienne qui est le principal point de tout.

1673. — Papier timbré étably

Le 1ᵉʳ 8 1673 a commencé l'établissement du papier timbré qui est un subside de grande valeur et qui portera au Roi des sommes immenses.

La mort de M. de Serre

Il est arrivé en ce lieu le 6 du 9 un cas surprenant : savoir la mort du Sieur de Serre de la Chaisserie qui a esté subitemant tué d'un coup de pistolet à la testé ; il estoit à cheval [P. 52] les armes en main pour tirer au tailleur Larivoy et dans ce moment là il receut au devant de la teste le coup de mort, qui le priva incontinant de l'usage de tous ses sens, et tomba par terre immobile et mourut dans trois heures après, ce que ses parents n'ayant peu prouver, il (Larivoy) fut relaxé avec dépens contre eux et quitta le pays, pour n'estre exposé à leurs insultes, et est mort en Flandres longtemps après.

J'ai employé subitement cette année environ 300 l. en payement

4

de debtes ou réparations ayant fait refaire à neuf les planchers de la salle et vouter et parachever de couvrir la maison de la Blache, le tout m'a cousté a peu près 200 fr. avec ce que j'y avais déjà fait.

1676 — ACQUISITION DE LA CHARBONNELLE

Le 25 février 1676, j'ai achepté la vigne de la Chamine, dite la Charbonnelle, au prix de 220 l. que j'ai payées à M. du Bay, a qui Mathieu Dugès, beau-père de Jacques Coste, le devoit par transaction passée entr'eux, que j'ai retirée ; en cela y est compris 20 l. d'arrérages de rentes que Coste devoit au Sr Mallet qui m'en a donné quittance. La proximité me la fait faire nonobstant que cette vente soit douteuse à cause du fidéicomis de point rendre l'héritage a son fils. L'emploi des deniers est bon, cela se verra en son temps.

[P. 53]   DÉBORDEMENT D'EAUX

Le 25 7. au meme an il y a eu un grand debordement d'eaux sur les deux heures après minuict et qui a fait un horrible dégat en tout ce pays ; l'eau batoit à notre porte de la basse-cour et à celle de la boutique de Palis le maréchal. Elle est aussi entrée à la cave et étable de La Montagne ou il y en avait jusqu'à çainture, ou quelques minots de sel des muletiers sont péris : ils n'en ont peu sauver qu'une partie avec pene et leurs mulets. Elle est aussi entrée en la cave de Fougeirol de la rivière et y a tout renversé, la cuve plene de vendange s'est pourtant sauvée ; et a rompu quantité d'arbres, partout au bord des rivières, a mené entièrement le petit moulin du pont et fait des grands dégats au pantionaire à près de 300 l.

ACCORD AVEC BOURJEA DE MATOLIER

Le 6 obtobre de la meme année j'ai transigé avec Bourjea de Matolier (1) à raison de la rente de la chastagnerie d'Orsanne

---

(1) Meissonier écrit : « Malolier ».

vendue a mon père par s^r Paul Brugière, ayeul de sa femme, et
de celle de Chasteauvieux (1) qu'il m'a cédée en considération des
droits que j'avois sur leurs biens, moyennant 13 l. que je lui ai
encore baillées pour ratifier toutes ses choses et acquiter des
lods de l'apantionemant du fonds de cette directe ; l'acte est
receu Vernhes, notaire. J'ai a présent 1 s. de cense sur Chasteauvieux que le pantionaire me devra, en tout cela il n'y a rien
d'asseuré s'agissant de mineurs, de biens substitués et de biens
de femmes que le mari ne peut aliéner, mais c'est que j'ai bien
establi mon droit, et j'ai beaucoup plus que le fonds ne vaut ce
qui les empêchera d'y revenir.

[P. 54]. Il y a une remarque importante à faire sur la rente de
la chastagnerie d'Orsanne, car mon pere n'en acquit qu'une
brochée et il y en a deux en l'ancienne reconnoissence de Coursas
de l'an 1356, d'où ces rentes ont esté acquises par le trisayeul
dudit Bourjea, mais il n'y a qu'une reconnoissence et il en faut
deux au seigneur direct pour l'établissement de sa directe et,
qui plus est, cette pièce ne se trouve pas en cest ancien terrier
que j'ai, mais en quelqu'autre après. Aussi lorsque l'aquéreur a
dénoinbré sa rente acquise à Monseigneur le Duc, il n'a dénom-
bré qu'une brochée sur cette chastagnerie, ainsi il y a lieu de
rejeter sa demande, cette brochée etand vandüe on ne nous doit
rien plus demander.

MARIAGE DE MA SŒUR GASPARE

Sur la fin de cette année, ma jeune sœur s'est mariée à Flaviac,
avec Simon-Pierre Blanc, acte réceu par Mrs Blanc et Selvi,
notaires. Je lui ai constitué 800 l. pour ses droits de légitime, et
elle s'en est constitué 100 l. Il (S. P. Blanc) a esté payé du tout,
bien que j'eusse pris des termes modiques ; je lui ai pourtant
compté quelque temps après 500 l. et tiré quittence génералle,
receuë Vidal, notaire de Privas.

---

(1) Châteauvieux est le nom d'un rocher et d'un quartier situés à l'ouest
de Chalancon, à proximité de la nouvelle route qui relie Chalancon au pont
de Chervil.

MORT DE MON FRÈRE DU PONT

Mon frère Jacques, sieur du Pont, est décédé en Alemagne a Corhistouc, près de Filisbourc en 8. 1676, d'un coup de fuzil aux rains, par accident, un mousquet ou fuzil s'en estant allé par mégarde, duquel coup il est mort 8 jours après. comme je l'ai apris des témoins oculaires. [P. 55] il est mort en un temps qu'il alloit estre avancé, devant estre receu lieutenant au premier jour ; il avait appris la médecine... (1) et s'y estoit rendu assez [habile... Sa] grande bonté l'avoit gasté, de sorte qu'apres avoir dépencé toute sa légitime d'une manière ou d'autre, il s'en étoit allé à la guerre, et aprés dix ans de service il est mort de la manière que dessus.

Au reste il estoit naturellement bon, fort, robuste, aimant les siens, de bonne société, de belle taille, ayant un peu de difficulté à parler. Il estoit sérieux, agissant toujours sinçairement, se portant honnestement en homme de cœur, prudent et sage. C'est ce qui est deub à sa mémoire. Je l'avois achevé de payer le 6. 9. 1665, acte receu Rioufol, notaire. Il estoit agé de 36 ans quand il est mort.

Depuis que j'en suis sur ce chapitre des payements que j'ai faits pour liquider la maison je ferai un raport fidèle de l'argent que j'ai receu depuis que j'en ai la conduite, et de l'emploi que j'en ai fait, affin qu'on puisse d'autant mieux juger de mon ménage et ne m'accuser mal à propos de mauvaise conduite.

ARGENT RECEU

J'ai receu de M. Floud mon beau père 3.500 l. que j'ai employées au paiement de nos debtes ; outre cela il m'a fait donner une quittence de 500 l. pour les interets de la réserve de ma mère mariée avec lui. Toutes choses jointes enssemble s'en vont environ à 4.000 l. bien qu'il n'ait [P. 56] compté que ce que j'ai dit, quelques meubles et joyaux y estant compris les 400 fr. se doivent [déduire et] il n'i a que 3. 500 l. de receu du capital de

____

(1) **Le manuscrit est déchiré.**

nos pensions y compris 80 l. prises par ma mère d'Antoine Limosin et 60 l. de celles d'Annonay, de Bourg et 1277 l. des hoirs d'Etienne Serres 75 l., de Daniel Chasson 407. l., de Pierre Manson 315 l., d'André Bertrand 200 l., tout cela joint ensemble revient a 4640 l. ; 43 fr. des Souche n'y sont pas compris, ni d'autres que j'ai reçu depuis que j'ai employé utilement comme des hoirs de ce mesme Serre 350 l.

Employ. — J'ai payé de debtes ou de légitimes 4945 l. comme il apert par l'etat que j'en ai dressé qui est comme un inventaire résonné sur ce sujet.

Réparations. — J'ai employé outre cela en réparations à Roves ou ici tant aux maisons qu'aux fonds, bien 1.500 fr. car j'ai pris là haut tout a pied et ça bas j'y ai beaucoup fait. il y a du tout des sommaires aprises. J'ai achepté outre cela plusieurs meubles et en ai beaucoup fait faire de bois.

J'ai pris de grands soins pour me conserver le bien de mon oncle de Roves dont ma mère s'estoit emparée sans légitimes tiltres. Il m'a fallu traiter avec sa veuve, son héritière par un bon testament, et lui donner 150 l. pour avoir son droit, ce qui m'a attiré un facheux procés tant à Nismes qu'à la Chambre. [P. 57] Ses autres nepveux de Terlinc s'estant pourveux en justice pour faire casser ce testament par (pour) ingratitude, ce qui me couta beaucoup dans ces cours ; au Sénéchal je l'emportai, à la Chambre y eut arrest de partage que est demeuré là de guerre lasse, il y a plus de trente ans et j'ai toujours joui et fait sans trouble, ayant achevé de payer les debtes ; pour le tout il m'en coute environ 1.000 l. Tout ce dessus calculé et considéré avec les 220 l. de la Charbonnelle je trouve que j'ai bien employé au profit de la maison, avec 3.000 l. pour les légitimes de mes frères et sœurs, que j'ai payées, environ 13.000 l. d'où il s'ensuit qu'il y a de mes épar[g]nes plus de 3.000 l., et voilà le fruit de mon travail et ministaire de dix sept ans, après tant de foules et de surcharges soutenues, et que je n'ai encore rien retiré de mon second mariage.

1677. — RENOUVELLEMENT D'APANTIONEMANT.

Le 1ᵉʳ avril 1677 j'ai passé des actes de renouvelement d'apan-
tionemants à trois de mes pentionnaires de Marcols, Choffre,
Manson et Souche, ayant fait autant avec le sieur Malet, il y a
justement deux [ans], le tout receu par Mᵉ Vernhes, notaire, et
c'est une précaution absoluë pour éviter la prescription, car
aultrement dans trente ans elle y seroit et il faudroit faire une
enqueste que donneroit de peine si l'on avoit à faire avec des
gens de mauvaise foy. [P. 58] Il y a une remarque très importente
à faire là dessus, c'est que les pantions mortes qu'on peut payer
le capital pendant trente ans deviennent pantions vives et qui ne
se peuvent estaindre que de la volonté de celui qui apantionne
ou des siens et ainsi elles deviennent comme des rentes perpé-
tuelles, mais toujours il faut prandre garde d'éviter la prescription,
affin que de temps en temps on passe quelque acte public avec le
pantionnaire qui en fasse mention.

SUPPRESSION DES CHAMBRES DE L'EDIT

On a supprimé cette année 1679 les chambres de l'Edit dans
tout le royaume et jointes aux Parlements, qui est un coup mortel
pour notre religion.

AUTRE DÉLUGE

Le 26. 7. au mesme an sur les trois heures après midi il y a eu
un grand et extraordinaire débordement d'eaux en tout le Vivaretz
qui a fait des grands maux ; il est subitement arrivé ici et sans
beaucoup de pluye, qui ne nous empechoit pas de vandanger ;
mais le grand vent marin avoit régné plusieurs jours avec un
temps humide et incomode et inopinément nous avons vu venir
nos rivières comme des montagnes avec un horrible bruit et
fracas. L'eau a esté presques aussi forte qu'en 1637 qu'un
semblable déluge avint de ma souvenence et a esté encore plus
rapide et fait des désordres en beaucoup d'endroits, amené des
maisons et des ponts qu'il n'avoit pas ruiné alors.

[P. 59] Gleure (1) vint plus haut à notre maison d'une cane,

----

(1) **La rivière de Glueyre.**

parce qu'Héréon (1) la fit enfler, mais cette fois les deux rivières
vinrent en meme temps et se maintinrent également. Il y a trois
ans qu'elles furent encore bien débordées, comme il a esté ci-
devant dit, mais non tant qu'à présant, ayant esté moindre de huit
ou dix pans. Venons aux ruines étranges qui en sont arrivées tant
a moi qu'aux autres.

Il y a eu de la hauteur d'un homme d'eau dans nos voutes,
pour avoir manqué de boucher avec des linges les trous des portes
et murailles et fenetres de la cave pour empecher l'eau d'y entrer,
ne pensant pas qu'elle vînt jusqu'à ce point, m'estant contenté
d'avoir bien autrement fermé les portes de la basse cour et de la
cave à la clef et barre et d'avoir promptement osté l'huile et
autres choses sujetes à l'eau, et ainsi elle ne me fit pas du dégat,
sinon d'avoir tout remué et rempli de boue d'un demi pied
partout ; par bonheur j'eus changé à la récolte dernière l'arche
du blé, qui estoit en bas, au galetans, sans quoi je l'aurois tout
mouillé come cela arriva à mon père ; qui eût esté un grand
inconvenient pour le secher en une telle saison qu'il fait rarement
des beaux jours, à quoi pourtant je ne song[e]ois pas, mais affin
que le blé en fût plus sec et cette precaution me fut encore plus
utile que je ne pensois.

[P. 60] Mais au dehors l'eau m'a amené toute la muraille du
jardin joignant la maison et quelque peu de celle qui est au
dessous qui est le soutien de la maison, l'ayant entamée et rompue
jusques au fonds du costé du jardin, bien que je l'eusse fait faire
a neuf avec de la chaux depuis 18 ans, et a osté de la vielle deux
rangs de pierre d'un bout à autre. J'estime donc qu'elle m'a fait
du domage aux granges ou ici a 300 l. bien que le grand jardin
soit fort eslogné de la rivière, neanmoins l'eau en couvroit une
partie en trois jusqu'a l'ecluse et battoit jusqu'a la treille, a amené
la muraille plus basse du chemin delà le jardin, qu'il faut refaire
à chaux et sable affin que le semblable n'arrive plus.

Ce sont des accidents qui arrivent de temps en temps, car j'en
ai déjà veu cinq, contre lesquels il se faut précautioner tant qu'on
peut, et c'est pour cela que je l'ecris ; Il faut bien entretenir la

____

(1) La rivière d'Eyrieux.

muraille qui est dessous la maison et la remettre au meilleur état qu'il se pourra, car c'est son grand boulevard, et refaire celle du jardin joignant à chaux et sable pour se soutenir l'une l'autre et le coin de la maison qui est un peu fandu de ce costé là ; cette réparation coutera environ 40 l.

[P. 61] Comme ç'est un fléau général chacun en a ressenti sa part ; la maison de Fougeirol de delà Héréon a esté par about ruinée et détruite jusques aux fondementz et plus que l'autre fois en 1637, qu'une partie de la voute y etoit demeurée. Tous ses fonds joignants ont aussi esté gastéz, les arbres arrachéz et renversés surtout les mûriers qui lui servoint beaucoup.

L'eau entroit partout au second étage de La Montagne et touchoit l'enseigne ; lui a emporté toutes les portes de ses membres bas, quoique bien fermées, son four et le dessus de son portal. Elle en a autant fait vers le Fauré, detruit cheneviers et jardin, entrainé tous les arbres d'alentour.

Il n'est resté pas un seul moulin en estat dans tout le pays et sommes contraints maintenant d'aller moudre à St-Pierreville au moulin de Pestion que a esté tost remis ; il n'est rien demeuré à celui du pont, ni chaussée, ni béaillière et lui en a fait à nouveau beaucoup plus que l'autre fois, il n'i a que trois ans.

Plusieurs ponts ont esté ruinés comme celui de Dunière près S. Fortunat qu'on avoit réparé depuis peu à grans frais savoir 900 l. celui du pont-pierre, celui des Ollières a esté en danger, car l'eau le couvroit, a rompu des borts et mis en estat qu'à peine les gens y peuvent passer. Elle a rompu deux arcades a celui d'Aubenas, autant à celui de Vals et emporté quelques maisons [et] un moulin qui estoit dessous. Il en est autant arrivé à La Mastre et à la maison de Ranchon qui a esté aussi accablée. (1)

[P 62] Au mois de mai 1681 je suis sorti d'affaire avec M. Peccat, mon beau frère qui ne m'a donné que 800 l. bien qu'il fût beaucoup plus deub à ma femme, a cause de l'insuffisence de biens, pour ne s'engager dans un grand procès et ma femme

---

(1) **M. Henry Vaschalde**, *op. cit.*, pp. 19-21, donne quelques autres détails sur l'inondation de 1679, et reproduit une grande partie du récit de Meissonier, d'après un extrait qui lui avait été communiqué par **M. Maurice Combier, de Livron.**

l'ayant ainsi voulu, pour ne préjudicier à sa maison fort delabrée, et contribuer à sa remise, de quoi j'ai donné 500 l. à mon beau-frère Blanc.

1682. — Accord avec M. Chabaud.

Ce 7 mars 1682 je me suis réglé avec M. Chabaud, de Bays, touchant les droits de ma femme, mariée en premieres nopces avec son aîné ; come ce bien estoit en discution, qu'il l'avoit fait décreter pour 9000 l., pour des sommes privilégiées et qui passoint devant les droits de ma femme qui auroit esté en degré perdable, j'ai esté contraint d'en arbitrer, n'ayant pas le moyen de m'angager à des sy grandes poursuites et ainsi j'ai transigé avec lui à 2000 l. auxquelles il s'est obligé aux termes portés par l'acte et qui sont à partager entre mes trois enfants à cause du décès de ma femme ab intestat. Il m'avoit payé en debtes de communauté, mais il a repris depuis ces cottes fort honnestement à cause de la difficulté qu'il y avait a les exiger et s'en est obligé à moi, acte receu Vincent, notaire.

[P. 63] On a commencé cette année l'exécution de l'arrêt du Conseil qui supprime les procureurs de la Religion des cours subalternes et les notaires, qui est un grand malheur pour ce pays où il y en a tant.

1683. — Je n'aurois pas à parler des faits généraux dans cette histoire particulière, mais parce que le récit que je m'en vais faire me regarde come bien d'autres, je les raporterai come s'en suit brièvement.

Projets des Religionaires. (1)

Quelques Religionnaires des plus zélés, tant ministres qu'autres, voyant les arrets continuels qu'on rendoit contre eux pour détruire entierement la Religion, comploterent entre eux ce qu'ils pourroint faire pour y remedier et porter la Cour à y avoir quelque egard.

Ils s'imaginèrent que le moyen le plus plausible pour parvenir

---

(1) Voir sur ce sujet l'ouvrage déjà cité de M. Arnaud, tome I, page 475 et suivantes.

à ce but estoit de prêcher par tous les lieux açoutuméz quoiqu'interdits depuis peu, et que les Temples eussent esté raséz, memes aux annexes, et tâcher de rétablir l'exercice dans tous les endroits où l'on le nous avoit osté pour des cas particuliers, comme il y en avoit déjà grand nombre. Cela fut conclu à Toulouse en une secrète assemblée qu'on y tint au mois de may dernier et qu'on commenceroit à prêcher en un même jour en 7 ou 8 provinces du royaume où il y a le plus de gens de la Religion et surtout en celles ci et en Daufiné, et, après quelques renvois le 18 juilliet fut choisi pour cela, et que cependant on tacheroit de faire présenter au Roi une requète [P. 64] contenant une déclaration de ce projet et les plaintes de ce qu'on nous faisoit.

La Direction de Chalàncon

Cependant il se tint quelques assemblées particulières pour regler mieux les choses, et pour nommer les personnes et les lieux où l'on devoit prêcher ; Ceux qui se mesloint de la conduite des affaires de ce pays estoint les Sieurs Homel, de Souyon ; Brunier ; Bermond ; Roumieu ; Odoyer et quelques autres qui ne faisoint que suivre les mouvementz de ceux-ci. Ils choisirent Chalancon pour y tenir leurs assises comme l'endroit de tout le pays à leur gré le plus commode et là ils dressèrent un Conseil de huit ou dix de ce consistoire du Sr Blanc, ministre, et des principaux anciens, et commencèrent à donner des ordres, escrivans de là aux autres Ministres de prêcher dans leurs annexes au jour marqué comme on faisait dans les autres provinces circonvoisines.

Chefs de l'Assemblée

Ils établirent pour leur Président M. de Badel de Conïols ; pour secrétaire le sieur Riou, de Sil[h]ac ; pour majour de leurs troupes, s'il en falloit faire, le sieur Brunel, du meme lieu de Chalancon ; pour aide major le S^r La Fouillade Florensoles ; avec la charge d'établir d'autres officiers quand il en seroit de besoin.

[P. 65] Les peuples de ce pays sont fort susceptibles de nouveautés et faciles à émouvoir, de sorte qu'ils se porterent a cette infraction d'arrêt avec grand empressement sans concidérer l'importence de l'affaire, non plus que ceux qui l'ordonnoient, qui estoient de mauvais conseillers. C'est pourquoi ils obligerent plusieurs Ministres de prêcher dans les lieux deffandus et moi entre autres, car j'estois fixé ici, et ceux de Serre me vinrent quérir et me firent aller prêcher là haut suivant les ordres de la direction, ainsi [que] ces messieurs de Chalencon se nommoint.

Mais le pi fut que plusieurs n'obéirent pas, que le Daufiné differa quelque dimanche de commencer et que le bas Languedoc n'y consentit point, s'estant mieux conduit que cela. Ceux d ici se fièrent sur les promesses de quelques particuliers de là bas, qui ne furent pas approuvéz du général, sans vouloir rien innover, se contentans de nous laisser jouer la tragedie pour voir ce qui en arriveroit, sans se vouloir exposer mal à propos ainsi il n'i a eu que les Sévenes, le Daufiné et le Vivarets qui ayent eu part a ces désordres et qui en ayent payé la fasson.

Le reigne de ces Messieurs n'a duré que deux mois pandant lesquels ils ont tranché des souverains, ont levé des troupes, ont créé des officiers, ont tenu des assemblées, se sont fait garder, ont pillé et ont fait telles autres actions de souveraineté jusqu'à ce qu'en fin au mois de settembre les troupes du Roi [P. 67] sont arrivées qui les ont déniché de leur fort, n'ayant pas à peine de terrain pour fuir. Elles entrerent le 23 dans Chalencon où ils ne trouverent personne ; en montant du costé de Charmes quelques 200 hommes qui estoint sur les cotaux leur tirèrent dessus mais come ils ne tinrent pas ferme et qu'ils avoient à faire a quatre ou cinq mille hommes il n'y eut que fort peu de mal de part n'y d'autre. Sinon qu'une disaine de ces rebelles furent pris et pendus sur le champ à des arbres et cela donna lieu a ceux de Chalencon de s'enfuir à Gluiras, sans quoi ils auroint esté surpris dans ce lieu.

RUINE DES TEMPLES DU VIVARETS

Cela a donné l'occasion a la Cour d'avancer notre ruine. Dans moins de trois mois on a tombé en ce pays dix huit temples et privé de tout exercice de Religion : c'est pourquoi la plus grande partie des Ministres sont sortis du Royaume ; il n'en reste que huit a dix, qui encore ne sont pas sans embarras.

Mort du Sr Homel

L'auteur principal de tous ces tumultes en a porté la peine ; le sr Homel qui étoit efectivemant le chef en a esté roué à Tournon. Il fut pris au commencemant à Lussas, près d'Aubenas, comme il s'enfuioit aux Sévenes, avec le sieur Audoyer qui en estoit, qui, s'étant fait catolique peu de jours après, fut élargy.

[P. 68] Punition Générale. Les soldats et les Contribu[ti]ons

Nous avons eu pour punition pandant deux ans consecutifs les soldats sur le dos qui nous ont entieremant épuisez et reduits à la dernière misère ; Il est comme inconsevable le dégât qu'ils nous ont fait, l'argent qu'ils nous ont emporté et les grandes contributions que nous leur avons données ; les Boutières en sont peut estre pour cent mile escus, on peut juger par là du reste, car les Sevenes ont esté traitées come nous et le Daufiné ce qui en a obligé plusieurs à sortir du Royaume pour se tirer de l'oppresse et y être en liberté, ne pouvant gouter la religion catolique et ayant prevenu ce qui est arrivé depuis.

1685. — Révocation de l'Edit de Nantes

Au mois d'octobre 1685 le roy envoya une multitude de troupes par tous les lieux ou il y avoit des gens de la R. P. R. pour les faire changer et les obliger de revenir à l'eglise catolique et cependant tous les passages estoint bouchés pour empêcher le monde de sortir du Royaume. Il donna un édit à même temps pour revoquer l'Edit de Nantes, interdire tout exercice de cette religion par toute la France et que tous les temples seroint raséz, ce qui fut rigoreusemant executé, permettant aux ministres qui ne voudroint point se convertir de sortir du Royaume avec des passeports de MM. les Intendants, ce que quelques uns ont accepté et d'autres comme moi sont demeuréz.

[P. 69]   1689. — Histoire du fanatisme

Relation sommaire des troubles arri[v]éz en Vivarez au mois de février 1689 et années suivantes (1). Il est a propos de prandre la

-----

(1) Voir sur ces évènements l'ouvrage déjà cité de M. Arnaud, tome II, page 24 et suivantes.

chose dès son origine. L'auteur de tout ceci est un gentilhomme verrier de Dieulefis en Daufiné nommé du Serre; il travalloit en une verrière qu'il y a aux montagnes du bas Daufiné qui s'appeloit Peyra; il etoit mal dans ses affaires; il s'avisa d'un plaisant moyen pour changer en quelque fasson de fortune. Il instruisit une quinsaine de jeunes gens, et sa femme en faisoit de même a autant de filles leur apprenant quelques prières, pseaumes des passages de l'Ecriture et autres choses semblables qu'ils retenoint facilemant ayant bonne mémoire, leur enseignant ensuite à faire semblant de tomber dans l'extase et dans l'évanouissement avec des grimasses et extortions comme s'ils eussent esté saisis et poussés par le St Esprit, se relevant après cela de ce sommeil faint pour dire qu'on s'amandat, que le jugement de Dieu approchoit, faisant ainsi quelques exhortations géneralles a la piété et a la crainte de Dieu, sans aucun ordre ni liaison mais à baston rompu, come n'ayant nulle sience ni litérature, mais tant seulement ce peu qu'on leur avoit apris comme à des perroqets disant toujours la même chose et surtout proférant des injures contre l'Eglise Romaine et les nouveaux convertis bons catoliques. Après qu'il eut bien draissé ceste jeunesse il les envoya d'un costé et d'autre pour solliciter le monde à s'assembler et à revenir dans leur religion croyant d'y avencer quelque chose pour la rétablir.

Entre ces envoyez qui firent plus de bruit il y eut une jeune bergaire, nommée Isabeau, d'un vilage près de Crest, qu'on voulut faire passer pour profaitesse, et néantmoins pour prévenir les suites on l'a mise dans un couvent [P. 70] à Grenoble et ne s'en est plus parlé.

ASTIER, DICIPLE DE SERRE.

Entre les diciples de cest homme il y en avoit un nommé Astier aussi fin et aussi adroit que son maître; qui a passé en ceste province au commencement de cette année et a espandu son venin le long du Rosne, du coté de Bais, St Vincent de Barrès, et autres lieux des environs, dressant des gens à faire comme en Dauphiné se meslans de prophétiser, décevans le peuple crédule par leurs vains discours; des uns aux autres cela s'est espandu jusques dans les Boutières et dans le Haut-Vivarès, mais les suites ont esté funestes, c'est la cause d'une grande effusion de sang, de la mort de plusieurs et de la ruine entière du pays ; car on a mis sur pied quatre régimants d'infanterie qui ont subsisté à toute l'année aux despans de la province, espandus partout et incommodant fort le peuple, entre les autres troupes qui ont esté employé[e]s pour chastier ces imprudants, et on ne sait encore quand on en verra la fin.

Sa mort. — Au reste cest homme a esté depuis pris, quoiqu'il se fut engagé au service du Roy et a esté condamné a être pandu et brulé à demi, jetté dans le Rosne, ce qui a esté execute à Bais où il avoit commencé a corrompre le monde.

Les Ministres qui sont sortis du royaume ont contribué à ceci par leurs lettres exhortant les gens à s'assembler pour prier Dieu et faire des lectures de l'Escriture sainte et autres livres de piété et chanter les Pseaumes, qu'ils viendroint tost pour se joindre à eux et s'hasarder avec eux affin d'essayer par ce moyen de restablir la Religion dans le pays, duquel il ne falloit point se retirer entièrement qu'on n'eut tanté cette dernière voye. [P. 71] Ils observoint ceci comme une pratique importante dans toutes leurs assemblées qu'après qu'ils avoint prié Dieu pour quelquun qui se declaroit grand pécheur mesme à cause du changement de religion, ils se prenoint tous à battre des mains et à crier Misericorde et à se jetter par terre à la renverse, se faisans tomber les uns les autres, sans qu'il y eut autrement aucun mouvement secret, car plusieurs n'en tenoint conte. et ils en estoint méprisés des autres.

Aprés tout, ce n'estoit que folies et extravaguances sans aucun fondement ni raison et ce qui a surtout donné lieu à cela, a esté une grande aversion que le monde avait pour la religion catolique de laquelle ils ne se pouvoint s'accomoder, ni la gouster, ni profiter d'aucune lecture ou prédications, prenant tout a rebours, s'offansans de tout et se scandalisant particulièrement des ceremonies de l'Eglise.

Diverses Assemblées.

Au reste voici brièvement la relation de ce qui s'est passé en notre Vivarès. Il s'est fait neuf ou dix assemblées au commencement de fevrier tant petites que grandes. On s'assembla premierement à Bressac dans la maison du Sr Bennoit qu'on a depuis ruinée et [où l'on a] pris quelques un de ces prédicans.

On fit une autre assemblée à Champeirache en campagne pour ne plus faire périr de maison, deux ou trois à Sr Cierce en montant (1) où une fois les dragons les rencontrerent ne les osant attaquer pour estre en trop grand nombre et munis de pierres et une autre fois en rencontrans quelques uns qui se retiroint ils les tuérent les trouvant disperséz et sans armes, car ils n'en portoint point, mais se servans de pierres dans la nécessité. Ils en ont fait près de Bavas, aux Ollières, à Serre, à Tausuc, s'engag[e]antz toujours plus dans les Boutières, à Gluiras et ailleurs, la fantaisie leur prenant d'en faire partout.

[P. 72] Massacre des Soldats de St Sauveur.

Celle de Tausuc le 14 de ce mois a esté funeste par l'imprudence du Sr Thirbon, capitaine logé à Silhac en cartier, qui avec une vintaine de soldats vint attaquer une grande partie de ce monde qui s'en dessandoit passant ici par St Sauveur.

Il y avoit sept ou huit cens persònes de tout sexe et de tout âge, ce capitaine s'en alloit trouver au Gua M. de Follevile leur commandant [et] avoit ordre de donner sur tous ceux qu'il rencontreroit assemblés par les chemins, ce qui l'obligea a se jetter sur ceux ci nonobstant le péril manifeste qui lui fut présenté et qu'il vit par avence, aymant mieux périr que manquer à son devoir et estre cassé, tant il avoit du cœur; mais c'estoit une témerité et en a esté blamé de tout le monde, car il ne faut pas estre homicide de soi-mesme et se précipiter au danger à veuë d'œil.

Il les rencontra auprès du canal de bois de M. de Vocance, auprès de la Chemina, s'estant jetté a corps perdu sur cette populace, l'espée à la main. Il en escarte bon nombre et en mesme temps ses soldats en ayant tué trois de trois coups de fuzil qu'ils tirèrent ; ils se ruèrent contre eux à coups de pierre, tuèrent le capitaine avec neuf soldats et leur guide, les autres s'estant sauvés

---

(1) **Saint-Cierge-la-Serre.**

à la fuite au logis de La Montagne et estans promptemant
retourné sur leurs pas.

Il en demeura six par là auprès, jettés dans des précipices et
les autres par les chemins en s'en retournant. Enfin ce peuple
eschauffé et en colere y procedat fort inhumainement, car apres
les avoir miserablement massacrés on les despouilla tous, et sans
quelqu'un de leurs prédicans qui leur imposa silence ils auroint
forcé la maison de La Montagne pour achever les autres.

[P. 73] Le 19 du mois qui estoit un samedi on continua de
s'assembler à Gluiras et du costé de St-Geneys Lachamp (1)
prés des granges de Soulhols au lieu nomme le Serre Lapoille
et ce fut le jour funeste et malhereux pour tant de pouvres misè-
rables qui y furent esgorgés.

Messieurs les Commandans partans de grand matin de
St-Sauveur où ils avoint couché avec environ 800 hommes tant
d'infanterie que de cavalerie, mesme des miliciens pris en divers
endroits du bas Vivarets, conduits par des gentilshommes, s'y
estoint rendus de partout.

En montant par Gluiras ils vollent et tuent tout ce qu'ils
rencontrent par le chemin et surtout ayant veu quelques gens
attroupés au dessus de St Martin de Cols qui s'enfuioint ils les
poursuivirent et tuèrent ce qu'ils purent attraper, mesme par les
vilages entrant dans les maisons, faisans beaucoup du mal et
emportant tout ce qui leur tomboit en main.

MASSACRE DU SERRE LA PALE

Enfin estant parvenus sur la montagne du Bessé, ils decou-
vrirent une Assemblée d'environ 500 personnes, et se mirent en
estat de leur donner dessus, marchans en ordre convenable leurs
armes prestes à combatre. Ces pouvres miserables les voyant
venir de fort loing ne s'en estonnent point ; ils attandent la mort
de pied ferme continuans leurs prières et chanps *(sic)* des Pseaumes. Quant on fut assés près M. de Folleville qui estoit le
principal conducteur fit tous ses effort pour les espargner et les
faire retirer ayant un regret extréme d'estre contraint de les

---

(1) **Saint-Genest-Lachamp.**

tailler en pièce. Il leur envoya en premier lieu le prévôt pour les avertir de se retirer et qu'on leur pardonneroit, mais on le prit à coups de pierres, lui criant à leur ordinaire : « Va arrière de moi. Satan, tu ne me tenteras point. » Il lui tira ses pistolets, mais [P. 74] l'ayant manqué quelques soldats s'estant avancez le tuèrent. On voulut encore tâcher de les diciper sans venir au carnage, on leur fit signe que quelqu'un s'approchât pour le lui dire, ce qu'un certain d'entre eux ayant fait, ils n'avencèrent rien, s'en estant mal acquitté. On fit de rechef halte pendant une heure ce qui facilita à plusieurs moyen de se sauver avant que d'estre envelopéz, dont les commandants estoint bien aises, désirant que tous en fissent autant ; mais enfin le signal fut donné et on se jetta sur eux de partout et dans peu de temps on en tua ou blaissa à mort près de 300.

Ce n'estoit que filles, femmes. jeunes enfans et autre commun peuple que fut exposé a la rig[u]eur des soldats qui après les avoir tué[s], les despouillerent et les laisserent là comme des baites et voila la fin misérable de ces malhereuses assemblées.

Ce qui a le plus abusé ces gens là sa esté une persuasion chimérique que leurs ennemis ne leur pourroint rien faire qu'ils n'estoint point en leur puissence de leur nuire ; que Dieu les defandroit, qu'ils n'auront qu'a dire : *Tartara, tartara, va arrière de moy, Satan, tu ne me tenteras point,* en souflant contre eux trois fois. Sans cela ils auroint esté plus avisés et auroint profité de l'offre qu'on leur faisoit de faire grace et se seroint retirés en dilligence, mais estant prévenus de cette imagination ils n'en voulurent rien faire.

[P. 75] Nonostant toutes ces rég[u]eurs et le grand nombre de troupes qu'il y a eu au pays, de sept regimants de milice dans la province et vingt et quatre compagnies de dragons, on n'a pas laissé de faire quelques petites assemblées en divers endroits, tant le monde est entesté, méprisant tout péril, comme à Pourchières à deux lieuës au dessus de Privas où quelques uns s'estant assemblés dans une maison y furent surpris, la maison fut brulée avec une femme, neuf personnes y furent tuées. A Toulaud on y en a aussi fait et brulé deux maisons, pris une disaine de personnes et conduit à la Voute où les prisons en sont plaines de ceux qu'on a conduit du Vellai, du haut et bas Vivarets. D'autres ont esté conduits au St Esprit, à la tour de Constence, au fort de Nîmes, à la citadelle de Montpeillier ou en gallaire. Il s'en est fait encore à Dezaine, à Lamastre, à Chambon, à St Voy, à St Agreve et autres lieux, dont plusieurs ont esté pris par les soldats et traités comme dessus.

Fauces Proféties

Ce qui a un peu contribué à ces remuements à ce qu'on croit, c'est une prétanduë profaitie de Dumoulin en son livre de l'accomplissement de prophéties qu'en l'an 1689 la religion rom[aine] seroit affaiblie et diminuée, ce qui a donne lieu à des Ecrits de part et d'autre, car son petit fils M. Jurieu a voulu enchérir par dessus esprouvé que le renversement de la Religion protestante en ce royaume avoit esté prédit en l'apocalipse et que la restauration ariveroit cette année, à quoi M. l'Eveque de Maux a répondu et l'événement à fait voir le contraire puisque la Religion Cato[lique] est toujours plus florissante.

[P. 76]   ZELLE INDISCRET PUNI

Entre ceux qui ont le plus contribué à ces assemblées populaires et qui en ont payé la fasson, ce sont les Valettes de St Vincent de Durfort, qui ont fait avertir les gens d'un costé et d'autre pour cela et s'y trouvoint partout et qui se mesloint de discourir et de faire des conducteurs ; un de ceux la a esté conduit en galaire et dans quelques années s'en est tiré, et l'autre a esté pandu et brulé à la Voute pour avoir rebatisé un enfant que l'avoit été à l'Eglise, comme si ce batteme eut esté nul.

Les mêmes désordres sont arrivés aussi aux Sevenes, où environ six vingtz qui s'estoint refugiés dans quelques bois avec un ministre nommé Alemant sont péris ; une cinquantaine ont esté pandus à Nimes avec ce ministre et les autres pris et conduits dans des étroites prisons pour les y faire beaucoup souffrir pendant quelque temps.

Ban et arrière-ban levé

Pour prévenir des tels inconvénians on a fait marcher le ban et arrière-ban pour veiller sur les nouveaux convertis ; on fait état qu'il y a 80000 hommes dans le royaume pour y prendre garde ; on a distribué dessa et delà ces miliciens pour tenir tout le monde dans son devoir et empecher toutes assemblées. On a envoyé la noblesse en Guienne pour garder les cotes de la mer contre les Etrangers affin qu'ils ne profitassent de ces émotions populaires.

[P. 77] Je ne dirai rien plus de tant de choses qui sont arivées en ce pays et en d'autres depuis le changement de religion à cause de ces assemblées illicites, contre les expresses deffences du Roy et nonobstant les rigoreuses exécutions qui s'en sont ensuivies tant en justice qu'autrement par la force des armes, plusieurs ayant esté égorgés sur le champ, comme il a esté remarqué en plusieurs rencontres, parce que cela ne me regarde pas et qu'il y en a des histoires imprimées où toutes choses sont deduites au long.

Memes je me pouvois dispenser de ce dernier récit qui regarde plutot l'histoire générale que la particulière, mais on sera bien aise d'en trouver ici un petit abrégé sans avoir recours ailleurs, outre que les Boutières y ont bien leur part et que notre lieu s'y trouve embarassé par l'assassinat du capitaine Tierbon et de ses soldats, qui estoit une action à faire périr le lieu, encore qu'il n'y eut en rien contribué, la faute des autres lui estant imputée ; le massacre du Bessé le sauva. On se contanta pour les frais d'imposer 7000 l. sur 19 parroisses des plus criminelles.

1694. — Grande cherté et mortalité

Cette année 1694 a esté acompagnée de beaucoup de misères, car il y a eu une cherté horrible de toutes choses, le blé de cette mesure s'est vandu 3 l. la quarte ; de la grande dix sous de plus ; le froment 4 l., à Annonai 6 l. et 5 l. le segle, encore plus en Foret et en Vellai où la disette a esté extrème avec des fièvres chaudes et malignes.

[P. 78] Cela a porté les poùvres de ces pays là à s'estandre partout pour vivre et comme ils estoint tous languissents et infaicts, ils ont infecté le pays et causé la mort à plusieurs, a quoi a beaucoup contribué la disposition du temps, l'air se trouvant infect, les maladies ont esté communes.

MORT DE MA 2ᵉ FEMME

Pour moi j'en ai beaucoup souffert, car non seulement j'en ai tenu le lict cinq ou six semaines, mais ma fille Judit en a esté pour autant, et mon fils à Villeneuve de Berc où je le tenois pour se former aux affaires y a esté à l'extremité et non sans des grands frais, mais le pis est pour comble de malheur que ma femme en est morte, *(9 juin 1694)*, le 7ᵉ jour de la maladie, 9 de juin d'une fièvre maligne des plus violantes qui l'a horriblement pressée.

Tous les remedes qu'on lui a fait lui ont esté inutiles et lui ont fait plus de mal que de bien. Elle est donc décédée à l'age de 59 ans, cinq ans moins que moi. Elle estoit naturellement forte et vigoureuse, grasse et grosse et agissente, se portant toujours bien et toutesfois elle a succombé tost au mal, son heure estant venuë de passer de ce monde en l'autre, de la terre au Ciel, car elle est morte en bonne chrestienne et bien convertie.

J'ai déjà fait ci-devant son portrait, ce seroit en vain que je repèterois ici les mêmes choses à sa louange ; seulemant je dirai ceci en passant, qu'il n'y a point eu de femme en la maison qui ait eu autant de monde ni d'éducation et qu'il n'y en aura peut estre point à l'avenir qui lui ressemble.

Elle est morte dans [P. 79] la meilleure reputation qu'il se puisse, regretée de tout le monde et avec toute la resignation possible, fort detachée des soins de la terre sans laisser rien à regret.

Elle n'a pas fait de testament comme n'ayant pas de grands biens à disposer les laissant à ses trois enfants également y ayant 200 l. pour chacun.

Nous avons demeuré 22 ans ensemble dans une parfaite union et amitié et voilà un des principaux fruits de notre mariage et qui ne se rencontre guère en baucoup d'autres qui y vivent dans des continuels troubles à cause des différences d'humeur.

Quoique j'aye esté marié deux fois j'en ai toujours usé de mesme et j'ai eu ce bonheur d'avoir trouvé des femmes de bonne société, et fort raisonables de sorte que j'ai passé doucement la vie avec elles, bien servi, honoré et aimé, y contribuant aussi de mon costé ce que je pouvois et aussi s'a esté mes beaux jours, qui n'ont esté depuis qu'accompagnés de soucis et de chagrins. J'ai demeuré 30 ans marié, 8 avec la première et 22 avec celle-ci.

Il n'y a eu que ma plus jeune fille de la famille qui n'ait eu sa part du mal. Cela a trainé deux mois et demi devant que nous [P. 80] ayons esté remis et il m'en couste bien 200 l. de frais, qui n'est pas peu de chose pour moi qui n'ai pas des grands moyens et j'en serai bien court d'ailleurs.

1696. — Mariage du Sr Fournier

Au commencement de l'an 1696 le Sr Fournier, de Tueiz (1) s'est marié avec ma fille Judit, à laquelle a esté constitué d'une fasson ou d'autre 2000 l. ; il y a 850 l. de mon chef et le surplus pour le bien de sa mère, en payement de quoi je lui ai remis sur le Sr Chabaud à Baïx 959 l., savoir 660 de capital de sa part et le resté des intérêts qui m'estoint deubs de trois ans, celui-ci compris. Il a esté payé de tout cela, mesme de ce qui me regarde, et pour y parvenir j'ai emprunté à Peiron, de la Blache, 600 l. que j'ai depuis renduës à Teoulier son héritier, retirant le restant des parties qui m'étoint deuës et ainsi j'en suis sorti et augmenté de près de 250 l.

Mariage de M. de Boulongne

Le 25 mars au mesme an, le mariage de M. de Boulogne, de St-Pol trois chateaux en Daufiné, et d'Anne, ma fille aînée du premier lict, et de feuë damoiselle Isabeau Floud a esté fait, receu par M. Selvi, notaire. Elle s'est constitué 18000 l., compris 5000 l. content, le reste en obigations, moi pour 2000 l. du bien de sa mère, sous la réserve des fruicts durant ma vie, ce qui se trouve compensé en la succession que j'ai du bien de feu son frère.

---

(1) Thueyts.

1697. — MORT DE MON FILS AÎNÉ

Il est depuis arrivé bien de choses particulières en la famille, car Floud, mon fils aîné, est décédé le 14. 9. 1697 à Annonai, dans sa maison, d'une fièvre lente et fluction sur la poitrine comme sa grand mère maternelle et sa mère, d'où est procédé le mal, agé de 33 ans, ab intestat, ce qui [P. 81] a esté cause que tout le bien libre qu'il a laissé a esté partagé entre sa sœur germaine et moi et qu'il m'en est revenu environ 5500 l., dont je jouirai durant ma vie, et après, lui revient 4200 l. que j'avais receu de son grand père des droits marternels et encore le surplus lui demeurera en tant moins de sa légitime paternelle. Ainsi tout cela lui retournera n'y ayant que l'usufruit pour moi. La transaction que j'ai passée avec son mari, qu'elle n'a voulu signer, a esté receuë par Mᵉ Martinet, notaire d'Annonai, que j'ai retirée ;

ARMES DE

PIERRE-ANDRÉ-FLOUD DE MEISSONIER

Ecuyer, Conseiller du Roi,

Contrôleur ordinaire des Guerres.

elle est du 8 juilliet 1698, dans laquelle j'ai receu des grands griefs, ayant cédé, pour ne m'y engager en procès, beaucoup d'intérêts et arreirages de pentions où j'en avais la moitié, et aussi des meubles, après avoir rempli l'inventaire du grand père qui avait substitué son bien a ma fille en cas que mon fils n'eût point d'enfant, avec prohibition de la quarte, ce qui m'a privé de 6000 l. de succession. Tout son bien s'en est allé a cinquante un milles livres, outre le légat de quinze mille livres à ma fille, dont ma part de cete quarte avoit esté fort considérable, mais la déffense expresse m'en a entièrement esclus.(1)

En ce qui m'en vient est compris 630 l. du légat fait par le Sr Bourgaud à mes deux enfants ses parents, auxquels il avoit légué sa maison et jardin et 3000 l. d'obligations à la charge de donner 50 l. par an à sa bâtarde jusqu'à sa majorité, qui ne sera encore de 9 ans. J'en suis pour ma portion, 12 l. par an que M. de [P. 82] Bouglougne (Boulogne) est chargé de payer, lui ayant laissé autant de ce qui m'apartenoit ; que si je vivois plus que de cela il me le devroit à moi avec 7 l. qu'il demeure chargé de me payer tous les ans, qui sera quelque jour un compte à faire avec lui.

Ce qui m'a fait beaucoup de mal s'a esté la grosse perte que je fais en l'office que mon fils s'estait acquis de controleur ordinaire des guerres, qui lui a cousté dix mille cinq cents livres, et M. de Boulogne ne l'a voulu prandre que pour 8000 l., avec les gages reculés dont il a tiré 1300 l. Il est vrai qu'il a falhu donner 500 l. pour se faire recevoir. Le pitoyable état des fonds et des maisons, qu'on n'a mis que 7000 l. dans la concistence qu'on en

---

(1) Floud de Meisonnier avait fait enregistrer les armes de sa famille au bureau établi à Tournon en exécution de l'Edit de novembre 1696 sur les armoiries. Comme dans d'autres documents, son prénom de Floud a été pris pour un nom patronymique, et sa déclaration est inscrite en ces termes : « Pierre André Flou, écuier, Sr de Messonnier, conseiller du Roy, contrôleur ordinaire des guerres, porte : *d'azur à un sautoir d'or, accompagné en chef d'un croissant d'argent, aux flancs de deux estoiles d'or et en pointe de cinq besans d'or mal ordonnés et posés deux et trois.* » (Bibliothèque nationale, Armorial général de 1696, Montpellier-Montauban, f° 452).

Notons ici que, de même qu'Isaac Meissonnier avait été inquiété lors de la première recherche de noblesse, son fils Floud fut assigné à la deuxième recherche, mais l'assignation fut lancée trop tard, Floud étant déjà mort. Voici l'article qui le concerne dans les comptes de la seconde recherche : « Pierre André Floud de Maissonnier, contrôleur des guerres, d'Annonay. 18 avril 1698, assigné en la personne de sa sœur, qui a dit qu'il étoit mort depuis 4 ou 5 mois. 23 mai 1698, déchargé [de l'amende, comme] mort. » (Bibliothèque nationale, ms, fr. 32294, f° 215.)

faite, à cause même de la principale maison qui est à bas et qui
a causé un grand procés à ceux qui l'on fait tomber, qui n'est
pas encore fini, ont beaucoup contribué a diminuer ma portion.
On m'a remis des méchantes pantions dont j'en serai fort
mal payé, que je n'ai pu éviter de prandre comme estant prove-
nuës des effects dé mon fils, comme celle de M. de Serres par
moitié qui est de 32 l. 10 s. par an et celle de Chantet de 35 l., de
sorte que je tirerai mal mon conte en cest usufruit.

1700. — Maladie de mes enfants et de moi

En l'an 1700 au mois d'août et de settembre, mes deux enfants
et moi avons esté fort mal ; mon fils et moi de fièvre tierce et
ma fille de fièvre maligne, qui en a esté à l'extrémité et hors
d'expérience à son settieme, néanmoins par l'aide de Dieu et les
soins que nous y avons pris, elle en est revenuë comme par miracle,
ce qui m'en a cousté beaucoup, comme c'est l'ordinaire des
maladies.

[P. 83]   1700. — Achept de la Combe

Le 28 août pandant mon mal j'ai acheté de D^lle d'Achart, veuve
de noble François de Sanglier, de Vernoux, le domaine de la
Combe et les fonds écartés qu'ils avoint à la Blache pour joindre
à mon petit domaine au prix de 1526 l. que j'ai emprunté de
diverses personnes, ce qui a esté employé à payer madame de
Grouzon (1), qui a cause de la mort de son mari, tué par le fils de
cette demoiselle, nobles Esprit et Jean-Henri de Sanglier, ont
esté condamnés par arrêt du parlement à 3000 l. pour ses dom-
mages et intérêts en entérinant leur grâce. La quittence est receuë
par Me Chalamet, notaire, et c'est pour une plus grande asseurance
de mes deniers, nonobstant celle que cette demoiselle me donne
dans mon contrat de vente receu par Me Selvi, que j'ai retiré
sellé et controolé, ce qui a esté fait ensuite de la procuration de
M. Sanglier, l'ainé, héritier de père et de mère.

____

(1) **Madame de Lestrange de Grozon. Voir à ce sujet le livre de raison,
analysé à la suite des mémoires.**

La proximité de ces biens m'ont *(sic)* fait hazarder cette affaire en bien asseurant mon argent, car la mère, qui a beaucoup de bien, en répont en son propre, et l'amploi pour tirer ses fils de prison est bon, car autrement ce sont des biens substitués et en peuvent revenir quand ils voudront jusqu'a la 4ᵉ génération. Celui-ci, premier appelé, n'a que dix ans pour en revenir, après lesquels ne se pourvoyant il n'y a plus de lieu pour lui. C'est pourquoi il vaudra mieux attendre que de le contraindre à la ratification en justice.

[P. 84] J'ai payé de cette acquisition 100 l. et j'en dois encore quatorse cent dont la veuve de Coulet, de Vabres, est celle qui m'en a le plus prété ; elle emporte pour ses intérêts les pantions que nous avons à Marcols ; et les sieurs Aurenches, frères, à qui il est deub 600 l., celle du Pont, en attendant qu'on puisse pourvoir d'ailleurs à les payer. En 1707, les pantions lui ont été cedées pour son deub.

4 MARS 1701. — MARIAGE DE MON DERNIER FILS

Il est très à propos de faire ici mantion du mariage de mon fils avec demoiselle Marg[u]erite Fauries, fille du sieur Pierre Fauries, de la parroisse de Boffre, bénit au commencement d'avril 1701, receu par Mᵉ Boisson, notaire, son oncle. Elle est héritière de père et de mère ; elle peut avoir de liquide 15000 l. Mon fils en a autant d'ici et ainsi ils auront un jour honnestement du bien. J'ai fait de même héritier mon fils sous la réserve des fruits durant ma vie, en suportant les charges du mariage, à la charge de payer mes deptes et légitimes encores deubes.

15 avril 1704. — Nous nous sommes réglés depuis lui ayant cédé tous nos biens en fournissant les choses nécessaires à mon entretien et [à] la réserve de mes pantions de Paris, arreirages et courant pour mes habits et autres nécessités.

1704. — Je ne dirai rien des affaires générales de ce temps, car ce n'est pas mon sujet et j'aurois trop à faire si j'en voulois faire un passable récit, à quoi plusieurs autres ne manqueront pas. On écrit toujours tout ce qui se passe de concidérable, mais cela me regarde en quelque [P. 85] fasson et les cas sont fort surprenents.

Autre relation des fanatiques.

Il s'est élevé depuis deux ans dans les Sevenes et au bas Languedoc des fanatiques qui y ont fait mille désordres, brulé, pillé, tué et telles autres hostilités que les guerres civiles portent, sans esparn[i]er personne, ni femmes, ni enfants des anciens catoliques ou des nouveaux bien convertis. Ils se sont surtout attaché aux prêtres, tuant tous ceux qu'ils ont pu rencontrer, dont le nombre an est grand, brulans les bois et ornements des églises, portes et fenêtres causant comme cela des horribles desordres par tous les lieux où ils ont peu mettre le pied.

Notre Vivarets en a ressenti sa part au mois de février de cette année 1704. Il en vint dans ce pays environ 200 conduits secrétement par quelques misérables mescontans qui apprehendoint d'estre enroulés dans les milices qu'on levoit pour le service du Roi. Ils ne marchoint que la nuit et couroint de lieu en lieu pour exercer leurs cruautés. Ils commencèrent par Gluiras où ils brulèrent l'Eglise et tuèrent le curé et le vicaire qui estoint frères et braves gens ; la même nuit ils en allèrent faire autant à St-Maurice et laisserent fort blessé le prieur, le croyant mort, mais il en est guéri par bon secours. C'estoit la nuit du mardi.

La suivente ils brulèrent celle de Sr Fortunat et la maison du Sr Retourna, notaire, nouveau converti, mais bon catolique ; [P. 86] et l'Eglise de St Julien le Rout et de Brusac en Pierregourde. Les autres nuicts ils en firent de même à St Bartelemy le Pin, à St Jean-Chambre et ici ; et ce fut la nuit du vendredi au samedi qu'ils le firent. Ils entrèrent dans toutes les maisons, fouillans partout, se faisant donner des armes à ceux qui en pouvoint avoir, mangeant et beuvans et prenant ce que leur accomodoit. Ils en agissoint comme ayant une claire connoisence des choses par le moyen de ceux du pays qui estoint avec eux et qui ne se montroint pas. Ils me demandèrent souvent et suivirent la maison haut et bas pour voir si j'y serois caché et me faire precher disoint-ils, mais s'estoit plus tost pour me tuer, et je n'avois eu garde de m'y fier. Dès que je sus la nouvelle de ce qu'ils avoint fait à Gluiras je partis pour l'haut Vivarets, m'en allant à Boffre, chez mon fils et de là a Annonai où j'ai demeuré jusqu'a Pasques vers ma fille ainée de Boulogne. J'ai passé le printemps vers mon mêmc fils en attendant un plus grand calme et enfin suis revenu au mois de juilliet.

Je ne dois pas obmettre une chose trés-importente de ces malheurs, qui seignera longtemps et qui s'en ira jusqu'a la postérité. C'est que M. de Julien, d'Orange, commandent en chef les troupes du Roy aux Sevenes et en ce pays, aprés les avoir longuement poursuivis en bas, battus en plusieurs rencontres, [P. 87] brulé et détruit plusieurs lieux où ils se réfugioint, les suivit ici pour les repousser et s'opposer à leurs violances et les ayant rencontréz à Franchassis il leur fit tirer dessus et en estant tombé quelques uns les autres prirent la fuite, se jetant dans les valons, courans à toute jambe pour se garantir de la fureur des soldats, passants par ici en l'haut Vivarets à Gluiras et ailleurs où ils purent, abandonnants leurs armes pour courir plus facilement et depuis ils n'ont plus paru en Vivarets s'en estant retournés la nuit comme ils estoint venus.

INCENDIE DE FRANCHASSIS ET MA[S]SACRE

Mais les pouvres habitans de la Sagne et de Franchassis en ont payé la fasson tout de long pour les avoir souffert là une nuit et la matinée sans en avErtir M. de Julien qui estoit déjà à Privas avec ses troupes de micalets (1) de dragons et de Suisses, car ils furent presq[u]es tous passés au fil de l'épée, pillés, abandonnés à la merci des soldats qui n'ont espargné ni grand ni petit : qui ont brulé les maisons et renversé de fond en comble jusqu'aux voutes et fondemants, comme s'il n'y avait jamais eu batimants : Il n'est demeuré de ces deux villages que 20 personnes dont la pluspart sont des enfans. Le lieu de Chazalet en a aussi pati, il fut volé et on y tua cinq personnes, on en fit autant à Masléon et au Bouschet. chez la Sagne a qui on tua la belle mère et deux hommes à Masléon.

[P. 88] Ils ont depuis donné beaucoup de peine au bas Languedoc à Monsieur le Maréchal de Vilars qui y commande depuis Paques, mais enfin il en est comme venu à bout. Il les a pris par

---

(1) **Miquelets.**

tant de biés par la rig[u]eur et par la douceur qu'il y a fort bien réussi ; presques tous les chefs se sont rendus : il a fait conduire hors du Royaume ceux qui ne se sont pas voulu faire catoliques, qui ont néanmoins mis les armes bas de sorte que, par ce moyen là, tout ira bien, Dieu aidant.

Mort du sieur de Sᵗ Martin, 1704, 25 mai

Puis que je suis sur les choses qui regardent ce lieu et qui y arrivent parfois, je n'oublierai pas de faire ici mention en passant, encore que cela ne me regarde en rien, de la mort du sieur de Sᵗ Martin, le plus jeune fils de M. du Monteillet (1), que Durand, le fils de La Montagne, a tué en ce dernier printemps d'un coup de fuzil qui lui a traversé le cœur et le corps dans leur logis duquel il est tombé mort, subitement sans apparence de vie. Il y estoit venu avec un baston pour battre Jeanne Sauzée qui y demeuroit depuis environ une année que la femme de La Montagne estoit morte, pour avoir soin du mesnage.

Ce Monsieur qui s'estoit attaché a elle autresfois et en avoit eu un enfant estoit entré en querelle avec elle et l'avoit bien batue ; elle, par s'en vanger, parloit toujours mal de lui, et lui disoit des injures quand elle le voyoit, de quoi s'ennuiant, il se résolut de lui aller mettre la main dessus un dimanche environ vepres et entra pour cela dans le logis par deux fois la poursuivant jusqu'à la porte de sa chambre [P. 89] qu'elle eut le temps de fermer et d'éviter les coups. Durand ne pouvant souffrir cela de voir de tels efforts et apprehandant qu'il ne lui en fit autant come il avoit fait d'autres fois, dont il y avoit des informations, se résolut malheureusement à le devancer et lui tira à la poitrine d'un gros fuzil chargé à balle seule qui fut la tout prestz ; comme ce monsieur revenoit de la chambre qui est dehors, Durand estant dans la cu[i]sine prenant aussi à meme temps un pistolet pour s'en servir en cas de besoin, comme il fit, car M. du Monteillet, ayant connu le dessain de son fils, l'avoit suivit de près pour l'en empêcher ; mais le coup fut fait devant qu'il y fut, et, estant arrivé dans ce momant, il se saisit de Durand en demandant main forte aux

---

(1) **Sautel.**

hostes qui y étoint, et, ne se pouvant depetrer, il lui tiroit de son
pistolet mais un des assistans y prenant garde, il écarta un peu le
pistolet et la bale ne fit que le juste-corps sous le bras ; il le tint
pourtant ferme, et, étant assisté il fut retenu. Il l'a poursuivi
devant les ordinaires qui l'on condamné à la mort, et, comme il
étoit sur le point de le faire conduire à Toulouse pour faire con-
firmer la sentence, il s'est sauvé des prisons de Pras où l'on l'avoit
mis en attendant de le donner au prévôt pour cela, et ainsi il tient
la campagne, et a eu sa grace que ses amis lui ont obtenu[e] pendant sa prison, de laquelle il ne s'est pas servi dans ce temps de
l'ordonnance et ainsi elle lui est inutile ; et puis la clef des chams
lui suffit, ayant autant ailleurs qu'ici.

[P. 90]   RÉFLECTION PARTICULIÈRE SUR LA GÉNÉALOGIE

Je reviens à mon sujet après ces digressions, qui, quoiq'utiles
et instructives ne le regardent pas. Il se voit si-devant comme
notre généalogie vient depuis 200 ans sans interruption et sans
changement de nom (?) Il y a eu parmi nos prédécesseurs.......
des gentilshommes, des...........jurisprudence (?) et téologie,
des ministres................. qui depuis un siècle se sont.....
.... vivans du leur sans faire tord à personne. Leur malheur a esté pourtant de n'avoir point de profession, car à moins
que d'avoir de grands biens il est impossibte de se maintenir. Si
je n'en eusse point eu je serois succombé d'abord. Mes devanciers
ont eu 200 l. de revenu plus que moi par le moyen de la grange
de Marcols (?) et des fruicts (?) d'Eglise qu'on nous a osté ici, ce
qui leur a aidé beaucoup, et tout cela manque à présent, n'y
ayant plus que 35 l. de pantion de ce domaine qui estoit d'une
grande valeur (?) et que mon père apantio[nnoit].............. et
moi en échange ai........ [m]oins [ce]nt écus ....
.................fonctiou ....
....
....

[P. 91] de pantion du roi ou du clergé, mais en 1680 on nous osta
à tous 200 l. de celle du clergé qui estoit de quatre cents, et, celle
du Roy qui est de 200 l, est mal payée à cause des grandes
affaires........ guerre, estant toujours.. ....l'Angleterre

.... encore que tous les jours [les dépen]ses augmentent et qu'il se fait des nouveaux impots pour subvenir à tant de frais.

ELOGES DE MON AINÉ

Mon fils ainé, qui portoit le nom de Floud, à cause de son grand-père, qui l'en charg[e]oit par son testament, fut receu dans les formes de Valence docteur, (1) où il demeura deux ans et y despensa 2000 l., ensuite il fut receu advocat à Grenoble et à Toulouse, s'y trovant pour diverses affaires. J'ai tous ces actes en main, qui sont des titres honnoraires, qui font voir que nous nous sommes toujours distinguez du commun et fait figure honeste [dans le mon]de depuis plus de deux siècles........mon mesme fils ....

....

....(2)

[P. 92] Plus.........aux.......qui lui portoi[nt].....[esta]nt mort sans lignée,.......plus de mal que de bien, car si le prix ce fut trouvé en d'autres parties, j'en aurois eu plus de mille escus que je n'ai pas eu, tant en la perte de partie du capital que ces gages, et depuis l'acquisition il y a eu 3400 l. de nouvelle taxe en deux fois, et peut-estre y en aura-il davantage, de sorte que la plus grande partie des revenus y retournant, qu'on paye meme mal, et c'est par ce moyen que la dernière taxe de 13000 l. c'est payée. C'est la cause qu'on me conseilla toujours quand nous traitames de ne m'y embarasser point ; car ces nouvelles charges sont sujetes à révocation et à beaucoup d'autres facheux inconvénients. (3)

Mon meme fils avoit hérité de son grand père environ 45000 l. et ne devoit autre chose, la plus grande partie concistant en obligations. Il n'a joui de cella que 12 ans, avec d'ennuix et de fatigues, par des discutions qu'on lui a opposé, des chiquanes et des procès qu'il lui a fallu soutenir, surtout pour la maison qu'on lui tomba par délibération consulaire, comme menassant de ruine.

---

(1) Docteur ès droits.
(2) Les pages 90 et 91 du manuscrit sont en grande partie rongées.
(3) Il s'agit sans doute de la charge de contrôleur des guerres.

Ainsi son règne a esté court et mauvais, nonobstant ses grands biens.

[P. 93]..........avois cédé à mon [dernier fils]......sur nos biens sous..........et d'une pantion de 100 l. pour......en cas que nous demeurassions ensemble, ce qui ne se peut pour des bonnes raisons. J'avois creu qu'il viendroit demeurer ici pour avoir tous deux soin de nos affaires ; mais cela ne se peut, puisque son beau père lui a fait la meme chose et qu'il a une famille concidérable qu'il faut qu'il entretienne et qu'il ne peut quitter, compossée du beau-père, de trois filles et une belle-sœur. Il ne s'est pas porté à cela par vieillesse, car il n'a que 60 ans et se porte bien, allant et venant partout à pied dans son voisinage, mais les amis l'ont trouvé bon pour donner de l'occupation à mon fils et le tirer de l'oisiveté qui est la racine de tous vices, faire quelques réparations utiles, qui estoint entiérement négligées, et sürtout se faire payer de plusieurs sommes concidérables qui leur sont deubes par des méchants débiteurs qui payent de lettres de discution, à quoi son beau-père ne se vouloit engager. Cela est aisé à mon fils qui entant bien la pratique et qui est ardant pour pousser les affaire[s] ; c'est pourquoi il a mis d'abord la main à l'œuvre et s'est engagé dans des grandes poursuites, qui lui donneront bien de peine et lui couteront beaucoup, ce qui ne se peut [P. 94] éviter autrement il perdroit des parties très concidérables que l'afaire lui fera venir.

UN BON TEMPÉRAMANT

Quand à moy je n'ai pas fait cette cession non plus par caducité, car je me porte fort bien, bénit soit le Seigneur, quoique je sois entré dans ma 75e année je ne laisse pas que d'estre sain et vigoreux, allant et venant aux environ[s] à pied, et jusqu'aux granges. Je marche aussi droit que dans ma jeunesse, je lis et écris sans lunetes, j'ai un bon corps d'un[e] très bonne constitution que je n'ai point gastée par aucun excès, m'estant toujours sagement conduit tant en ma jeunesse qu'a présant ce qui fait que je n'ai nulle incomodité dans ma vieillesse sinon que la mémoire et l'ouïe se diminuent bien, ne m'en reconnoissant pas en autre chose.

Voici l'an auquel mon bis ayeul est mort, peut estre en sera il autant de moy, personne n'est asseuré du lendemain. Je m'en remets à la conduite de la Providence estant prest quand il plaira à Dieu de me retirer de ce monde ; je suis parvenu a un âge fort avencé, où peu de mes prédécesseurs ont attaint J'ai passé le terme de 70 ans que David assigne aux plus forts et vigoreux et auquel lui-meme est mort, et ainsi je n'ai qu'à me tenir prest et attendre ma dernière heure de pied ferme.

[P. 95]   AUTRES EMPLOIS UTILES

J'ai encore dit auparavant que j'avois fait à 1500 l. de réparation mais depuis j'y en ai ajouté à plus de 350 l. à l'augmantation de la fénière d'ici, voutée, qui me couste 150 l. et environ 70 canes de muraille que j'ai fait à la vigne et au jardin dessous et dessus. L'acquisition de la Combe me couste 300 l. soit 100 l. de capital et 26 l. d'étraine et le restant pour peupler le domaine de bestail et de semences et la Blache où il n'y avoit rien non plus de tout cela quand j'ai retiré ce bien de Peiron. J'y ai aussi fait planter trois fessoirées de vigne qui me coustent avec les buis outre le fumier sept escus.

Ainsi voilà bien de l'argent utilemant employé qui est au profit de la maison, qui dans peu de temps par le moyen des jeunes vignes que j'ai plantées là et ici où il y en a vingt fessoirées il y en aura un double de vin. En ce dessus sont compris les lods de Vilar qui me coutent 60 l.

Dans cette cession que j'ai faite, j'ai creu de me mettre en repos en me délivrant de tous embarras en mes vieux jours pour les passer trancilement *(sic)* dans ma maison en me servant honestemant de mes pantions, et mon fils a creu de se mettre au large et de se pouvoir soutenir plus commodemant et il est certain qu'il s'est fort [P. 96] trompé et qu'il s'est chargé d'un grand fardeau. Il a bien des deux maisons 1200 l. de revenu, autant de l'une que de l'autre, avec les pantions que j'ai à Annonai et qu'il jouit aussi, mais il a bien de charges à suporter, qui se montent cette année environ 500 l., savoir : tailles, rentes, capitation, intérêts, denrées pour mon entretien et pantion ; ne reste donc que 700 l. pour la subsistance de sa famille. Il voit donc par là que si son beau père et moi n'avons pas mieux fait, que le défaut de moyens nous en ont empéché, aussi bien que les grandes charges qui durent depuis lontemps, les grandes dépenses dans les familles et les mauvaises récoltes qui sont come ordinaires, mais avec le tems il se tirera d'affaires.

42 ANS D'ADMINISTRATION

J'ai conduit et soutenu la maison 42 ans. J'ai eu sur les bras frères et sœurs, femmes et enfants, car j'en ai fait battizer neuf, dont cinq sont morts ; tout cela sont des grands frais. Les mariages, acouchemants et battèmes ne se font pas autrement, et néantmoins j'ai subvenu à tout cela avec honneur.

J'ai bien eu de la peine à pouvoir payer mes légataires et faire tant de réparations comme j'ai fait, mais mon ministaire m'a aidé à cela, autremant je n'en serois pas venu à bout, et fait encore, (1) car c'est à cette concidération que je suis pantionaire du Roy et du Clergé. Si ma pantion venoit à manquer il faudroit que mon fils me donnât, outre la nourriture, pour mes autres choses 100 l. suivant notre traité. Il en ressant bien donc du profit et de l'utilité.

MES DIVERS EMPLOIS A L'ETUDE DU DROIT

J'ai une remarque importente à ajouter sur mon compte qui est que je me suis un peu adonné à l'étude du droit par occasion et en quelque fasson par inclination. Je demeurois à Die chez M. Roman, très bon jurisconsulte, qui etoit fort employé et gagnoit beaucoup de sa profession. Il explicoit les Institutes à son fils ; je me mis aussi de la partie, comme cela m'estoit facile et les vis tous comme lui et copiai le livre dont le titre est *la Moile de la Jurisprudance Romaine* par un Suisse de........et depuis je l'ai traduit en français et l'ai en écrit couvert de parchemin contenant 40 feuilles de papier qui est asseurémant un recouïl de grande importance où le plus essentiel du droit est contenu et il n'y a qu'a s'y bien attacher pour en savoir suffisement. C'est ce qui a

---

(1) C'est-à-dire : Mon ministère m'a bien aidé et m'aide encore, car..., etc.

porté l'hauteur a lui donner cest [en teste], de *la Moille de la Juris-prudence Romaine*, comme en contenant l'essentiel et la subs-tence en peu de mots, l'ayant receuilli des principales Institutions impériales et montré en passant la différence des temps et les corrections et changements qui y sont arrivés par les ordonnences de nos Roys (1).

[P. 98]   Deffaut de mémoire

A le bien prendre, j'eusse esté plus propre pour estre advocat que ministre, parce que pour parler en public il faut avoir une bonne mémoire et une grande hardiese, qui procède surtout de la faculté de la mémoire, ce qui me manquoit, [ne] l'ayant que médiocre ; mais j'aurois esté bon pour la consulte, estant passiant à l'étude ; cepandant je pris cest employ pour donner satisfaction à ma mère [qui la] souhetoit, comme estant zélée . . . .
. . . .
. . . . , ...
. . . .
. . . .

Cependant j'avois quelque petite disposition à l'étude du droit pour avoir demeuré deux ans avec des gens de pratique, affin de m'y former et cela m'en facilita l'entrée et le motif. Depuis ma convertion, estant sans emploi, je m'y suis plus attaché et ai leu des meilheurs auteurs modernes comme Despines, Camboulas, Dolive, le *Praticien parfait françois* par Cairon, l'ordonnence du roi civille et criminelle [P. 99] et quelques autres où j'ai continué à m'instruire encore mieux sur ces matières, et c'est pour cela que quelque fois dans d'actes que j'ai passé on m'a qualifié doc-teur en droit, bien que je n'aye pas esté receu formellemant, comme plusieurs autres, n'ayant pas voulu faire cette despence, comme inutille.

(1) Les pages 98 à 103 sont en grande partie rongées.

Deffaut de profession

J'ai imputé à [grief] à mon grand père et à mon père de n'avoir [pas eu] quelque charge pour s'aider à subsister..... .

....

....

....

....

il y a sujet de s'estonner qu'après avoir désaprové cette conduite je n'en aye pas fait mon profit envers mon dernier fils et héritier, car quand à l'ainé, il estoit advocat et intelligeant dans ses affaires, mais il n'a pas tenu à moi qu'il (1) n'ait étudié, je l'avois déjà commencé, mais, manquant d'inclination et de mémoire, je le laissai là. De n'estre docteur que de titre cela n'est rien et il y en a peu qui y réussissent pour [P. 100]................. ....

....

....

bien profité, mais néanmoins il n'a pas voulu prendre cette charge comme au dessous de lui suivan[t] sa pensée, voulant vivre [noblement ?] ainsi que nos prédécesseurs, ne se [voulant] résoudre à cela qu'à l'extremité, espérant [par] un mariage de se tirer d'affaire et d'avoir de quoi s'entretenir autremant ; ce qui est arrivé, ayant pris une héritière qui a honnestement du bien pour suppléer à 500 l. de pantions que j'ai d'ailleurs outre ce qui est de la maison, ce qui deffaudra après ma mort. Il aura donc pourtant après moi 1[5 ?]oo l. de revenus, qui est assés à une personne de cette condition pour faire une figure honneste en le bien œconomisant. Il est bon qu'il ne soit point embarassé d'une [charge] publique, parce qu'il a assés d'affaires domestiques pour ....bien occupé sans se mesler de celles des autres ; il faut que quelque chose en vaille moins, ou le public ou le particulier, et ainsi il vaut mieux s'atacher à ce qui nous touche de plus près.

Il a comme deux familles sur les bras et deux hoiries [P. 101]..

....

....

---

(1) **Son second fils.**

AVIS A L'ÉTUDE ET AUX PROFESSIONS
POUR LES ENFANS

De (?) ce que je viens de dire, j'ai un avis très important à donner à mon fils pour [qu'il en] fasse bien son profit, [ce] qui est le but de tout ce que j'ai écrit, savoir que, s'il a des enfans masles, il fasse étudier au moins son ainé, pour le rendre capable de quelque chose. Il n'y a rien de si beau ni de si utile que l'étude ; c'est la porte à toutes les choses grandes et bonnes, et c'est le vrai moyen de se tirer de l'oisiveté, et d'avoir de bonnes inclinations par la lecture des livres ; et si lui-meme avoit étudié, il en seroit beaucoup plus capable qu'il n'est dans toutes sortes d'affaires, et il se plairoit autremant à lire qu'il ne fait, quand ce ne seroit que pour se récréer. Et s'il a plusieurs garsons, qu'il tache à tous de leur donner quelque emploi pour avoir de quoi s'entretenir par leur industrie sans conter sur leur bien propre, et c'est le meilleur héritage qu'il leur puisse laisser, ayant égard [P. 102] à leur inclination et à leur talant. Car autremant c'est un abus de forcer la nature et le succès en est toujour petit. Avec une profession un jeune homme passe partout, et la............ à vivre s'il la fait bien valoir et qu'il soit prudant et sage, et quelquefois le fait.....................C'est ainsi que nous en avons........tous, nous sommes trois frères et avons tous eu des professions, comme j'ai déjà remarqué.....................

....
....
....
....
....
....
....
....

PORTRAIT DE MON FRÈRE DE ROVES

....de belle taille.........
.................bien proportionné...................adroit aux armes, se battant bien, plain [P. 103] de courage, ayant sou-

vant fait preuve de sa valeur, surtout à l'armée où il avoit demeuré trois ans sans revenir au pays ; s'estant battu avec avantage avec quelques uns qui s'en estoint mal trouvéz. Il n'estoit pourtant pas quereleur, mais quand il le faloit faire il s'en demeloit bien. Il avoit l'esprit présand,......et railleur : il avoit par ce moyen la répartie prompte. Il s'expliquoit aisément, parlant avec facilité ; il estoit bien propre pour sa profession......

....
....
....
....
....
....

partit donc......................son voyage..............
il demeura....................il revint.........et la flote
..............s'en aller aux Indes.....à 12 l. par mois.......
de quoi il me donna avis à son départ, et voilà tout ce que j'en sai. Comme s'étoit un voyage fort long d'environ, cinq ans, et fort périlieux, il y a grande aparence qu'il y est mort, et depuis je n'en ai rien ouï. (1)

[P. 104]   Avis a mon fils d'habiter ici

J'ai encore une autre chose a recommender à mon fils qui est qu'après mon décès il vienne habiter ici dans notre maison qui est si belle, si commode et si bien prise, en concidération mesme de notre bis ayeul qui l'a batie, qui etoit un homme de si bon sens et si entendu en toutes choses.

J'y ai ajouté beaucoup pour la rendre encore plus agréable et plus aisée et ainsi il doit la préfairer à tout autre pour en faire sa principale demeure. Il n'y a pas de la comparaison entre celle-ci et celle de sa femme qui est basse et petite, plus propre pour le granger que pour le maitre, au moins pour un homme de son air. Il y auroit beaucoup à dépenser pour la rendre telle qu'il faudroit mais il ne manque rien à celle-ci que de mettre le couvert a quatre eaux suivant le dessain de son fondateur qui n'eut pas le

---

(1) Voir sur ce sujet la p. 14 du manuscrit.

temps ou le moyen de la parachever ni ceux qui sont venus depuis, ni mesme moi qui l'ait fort souheté, ce que je recommande à mon fils, si quelque jour il en a la faculté.

Après quoi il se pourrait dire l'homme le mieux logé de tout le païs, car le dedans et le dehors, les bassecours et les équieries, tout est plus beau avec les deux tours en flanc et puis les fonds qui sont auprès sont bons et conciderables pour donner du pläisir au maitre avec les domaines et pantions qui en dépendent.

Je sai bien que tandis qu'il sera chargé de toute la famille de son beau père comme à presant cela ne se peut, mais si avec le temps elle se diminuë, c'est alors qu'il le doit faire sans exiter.(1) Je laisse encore à regret la fenière de Roves que j'ai commencée et ne la puis parachever à deffaut de moyens qui seroit néanmoins de grande utilité, et c'est par là que mon fils doit commencer à faire des réparations concidérables quand il le pourra.

[P. 105]   AUTRE AVIS POUR L'UNION DES BIENS

Voici des autres avis que je lui donne, savoir que s'il a des enfans et qu'il les voye en âge de se marier, qu'il ne sépare pas les hoiries ne faisant qu'un héritier ou héritière des deux maisons tant lui que sa femme parce que les [laissant] séparemant elles ne sont pas suffisentes pour se soutenir à deffaut de revenus, mais si feront (2) bien unies. Et c'est ce qui m'a obligé a le marier plus tost avec une héritière qu'avec une légataire bien que quand à moi j'en sois plus mal, puisqu'au lieu de recevoir il faut donner et je ne me puis pas liquider comme j'aurois fait, mais il le pourra faire avec le temps, Dieu aidant, par le moyen de ses revenus.

AUTRE POUR LES ALLIANCES

Je lui conseille aussi que si quelque jour il met un parti à sa maison, qu'il tâche de se bien allier avec des gens de qualité pour se faire des parents et des amis concidérables, qui peuvent beaucoup servir aux occasions, et qu'il soient prés, s'il se peut, car

(1) Hésiter.
(2) Suffiront.

les parens éloignéz ne servent de rien. Si mes parents et moy ne l'avons pas fait c'est que nous n'avons paz peu et que les partis ne se sont pas rencontréz et que nous n'avons pas eu suffisemmant du bien pour en prandre des proches; mais lui qui en a au double le peut mieux faire.

[P.106] Autre avis important des assemblées et cabarets

J'ai une exhortation concidérable à faire encore à mon fils qui est qu'il frécante [le] moins qu'il pourra les foires, les marchés et les cabarets, toutes assemblées sont dangereuses à se trouver dans des malheurs ou à les faire. Les gens prudents n'y vont guères et si ils y ont des affaires ils tâchent de les faire par d'autres, surtout ceux qui ont l'habitude d'aller dans les cabarets ils ne peuvent manquer qu'enfin il n'y périssent, soit en faisant du mal aux autres ou en le recevant; outre qu'ils y dépensent malheureusemant tout leur bien et que leur mesnage en va beaucoup plus mal et que toute la famille en souffre, un homme débauché en est fort méprisé des honnêtes gens et passe pour peu de chose dans le monde.

Il est dans un canton où cela y est fort commun, c'est pourquoi il doit d'autant mieux prandre garde, car les mauvaises companies corrompent les bonnes meurs, et se conformer à l'exemple de nos plus proches voisins et au mien, qui quoiqu'il y ait trois logis dans le lieu nous n'y entrons jamais que pour des affaires particulières. Il se passera des mois entiers que nous n'y mettons pas seulemant le pied, et c'est une conduite bonne et louable, qui sera toujours avantageuse à ceux qui la suivront et que tout bon père de famille doit imiter.

[P. 107] J'ai dit ci-devant que je me suis attaché aux deux principales facultés des arts libéraux qui sont la téologie et la jurisprudence. Je me suis un peu occupé depuis à la troisième qui est la médecine, pour mon usage particulier et des miens.

Etude en médecine

Les livres en cette science que mon [frères de Roves?] (1) m'a
laisséz m'ont servi a cela ; il y en a d'autres, les œuvres de Gion
sur toute la médecine, qui est un bon auteur que j'ai veu souvent
à mon aise, et plusieurs autres comme la *Patalogie* (2) de Farnel,
si fameux médecin du siècle passé, le *Médecin charitable* et le
Médecin des pouvres que j'ai acheptés, qui sont des auteurs familiers qui enseignent d'une manière la plus commode du monde de
se servir de petits remèdes dans les maladies les plus ordinaires,
qui sont de peu de frais.

Ce qui m'a porté en suite de ces diverses lectures d'en faire un
receuïl pour trouver plus facilement les remèdes qu'il faut aporter aux maux les plus communs, dont j'en ai expérimenté plusieurs
dans les occasions qui se sont présentées en la famille et autres
du voisinage, en ayant fait part charitablement à tous ceux qui
l'ont requis ou que j'ai creu de leur pouvoir servir. Je recom-
mende à mes enfans d'en faire leur profit, et de conserver ces
braves auteurs, qui sont tous en notre langue, et dont il est facile
à un chacun d'en prandre connoissence.

[P. 108] J'ay sur ceci une remarque à faire, qui est que pour bien
se servir des remèdes qu'on trouve dans les livres, il faut les avoir
faits et mis en usage tant pour expérimenter qu'on ne se trompe
point en la composition, que pour en savoir l'effet, et c'est alors
qu'on en est asseuré, de sorte qu'il faut avoir veu faire ou avoir
fait une fois ou deux un remède et acpliqué *(sic)* pour ne s'y trom-
per pas et c'est souvant la cause du peu d'effect qu'ils produisent
pour ne suivre pas bien la méthode qu'il y faut garder tant en la
composition qu'a l'aplication.

Récapitulation de mes effects

Ayant de nouveau examiné tous les emplois que j'ay faits pour
la maison pendant les 45 ans de mon administration j'ay trouvé
que j'ai bien employé environ 12000 l. dont en voici le détail. La

---

(1) Le début de cette ligne a été arraché, volontairement, semble-t-il.
(2) Pathologie.

mort de mon père, qui fut tué, ou les suites, savoir : l'intérine-
mant de la grâce de mon cadet, qui la vangea, 1500 l. Les debtes
de mon père ou de ma mère avec les légitimes de mes deux frères
et de deux sœurs 5000 l. ; pour liquider le bien de mon oncle de
Roves à la Blache, ou me deffendre contre les prétantions de ses
autres nepveux ou les soins que j'ai pris pour le réparer 1200 l. ;
en réparations ou meubles allieurs 2000 l. A ma fille Judith pour
sa légitime paternelle ou son tiers de ce que j'ai reçeu de sa
mère, ou des joyeaux 1600 l. Pour le domaine de la Combe en
capital ou partie des lods et le fournir de bestail et semences
et celui de la Blache 400 l. A mon fils pour les frais de son mariage, habits nuptiaux et autres choses 400 l. A l'acquisition de
la vigne de la Chamina 220 l. Tout cela revient [P. 109] a 12220 l.
desquelles il en faut déduire 5660 l. que j'ai reçeu de la dot de mes
femmes ou des capitaux de nos pantions d'où il s'ensuit qu'il y a
6560 l. de mes épargnes et c'est après avoir franchi toutes les charges mesme les grandes contributions que nous avons payées
quelques années comme je l'ai déjà dit, et soutenu le fardeau d'une
grosse famille avec honneur pendant un si long temps, mesmes
subvenus aux maladies de mes femmes et à trois des miennes qui
m'ont cousté beaucoup et enfin à l'entretien et à l'éducation de
mes enfants.

Bénit soit Dieu que je suis sorti de tout jusqu'ici et que je leur
laisse quelque chose de reste.

Je souhete de tout mon cœur que mon fils fasse mieux et qu'il
soit plus hereux que moi. Je lui laisse nos biens en meilleur état
que je ne les ai pris et moins engagés, ayant dehors, en capitaux
de pantions ou dettes pour payer à peu près ce que nous devons
pour l'achept de la Combe et la légitime de ma plus jeune
fille.

Car quand à ma fille ainée du premier lict, sa légitime ou les
4000 l. que je lui dois restituer de la dot de sa mère se trouvent a
peu près compensées en la succession que j'ai aux biens libres de
son frère, mon ainé, qu'elle possède, ainsi qu'il a esté réglé par
notre transaction [sur] ce qui lui revient après moi, et autrement
ce seroit ma grosse debte de plus de 5000 l., de laquelle par ce moyen
mon hoirie demeure [P. 110] déchargée, et ainsi il s'ensuit que la

somme générale de mon œconomie demeure enti[è]re sur tous nos biens, de sorte que je laisse honnestemant du bien liquide à mon héritier, mcmes trois fois plus que je n'en ai receu de mes parents. Le Seigneur le fasse prosperer, le préserve de mauvaises affaires et qu'il puisse sagement conduire et administrer les héritages qu'il a en main come un bon père de famille.

PEU DE REVENUS

Je n'ai jamais esté commode, sans dettes, ni sans grandes charges. Les revenus de nos anciens fonds avec ce que je tirai de ma charge ne pouvoint aller qu'a 800 l. qui est peu de chose pour le soutien d'une maison un peu concidérable et maintenant avec les deux domaines que j'ai acquis, tous frais faits, outre mes pantions ils ne peuvent porter que 500 l. et il faut sur cela payer des intérêts concidérables. C'est la cause aussi qu'à deffaut de commoditéz pour n'avoir de quoi entreprandre des grands procès, j'ai perdu beaucoup de bien, laissant prescrire nos droits pour ne les pouvoir poursuivre. L'on voit ordinairement que tout se mange en justice et que les frais des longs procès excèdent souvent le profit qu'on en peu tirer, ce qui détourne fort les gens de s'y engager et c'est ainsi que j'en ai usé par impuissence.

[P. 111]   MES PÉRILS

J'ai couru de grands dangers en ma vie et qui sont de ma souvenence. J'en raporterai quelques uns des principaux pour en rendre graces à Dieu de m'avoir délivré de tant de périls et m'avoir conservé jusqu'à presant. Mes successeurs qui liront ceci en doivent autant faire, puisque la conservation de ma vie leur a esté assez avantageuse.

La première fois donc fut sous le pré de M. de Vocance, où je rencontrai en montant un beau frère de Brugière nommé Chafis de Barris, un demi-fou, étourdi et grand tireur avec un de ses parens, tous bien armés et moi aussi. Par bonheur le sieur du Serre de Bravais, qui estoit de mes amis, étoit avec eux et il les détourna pour n'y prandre pas garde les asseurant que j'estois quelque autre ; sans cela, aparemment nous nous fussions tiré les uns sur les autres.

La seconde ce fut aux Granges de Valance où le meme beau frère se trouva, m'en voulant à cause de la mort de Brugière, dont il m'accusoit ; quand j'eus mis pied à terre je le vis à la porte du cabaret avec M. du Prau de Vocance que je fis appeller, et, me voyant avec lui, il ne fit semblant de rien, et M. du Prau prit la peine de m'accompagner jusqu'au port, autrement je risquois beaucoup. Je n'avois qu'une espée et lui fuzil et pistollet, et homme fort capable à faire une mauvaise action.

La 3me fut ici sous la montagne, où, un samedi au soir, venant de Roves je rencontroi M. (1)........et d'un discour à l'autre [P. 112] il s'emporta jusqu'à se mettre l'épée à la main et l'avansa jusqu'à un pan de mon corps, alors pourtant il s'arresta par un motif de conscience qui venoit du ciel, et M. du Monteilliet (2) s'y trouvant il nous sépara et cela fut fait. Pour moi, j'estois hors de deffence, car je n'avois qu'un baton à la main et ne song[e]ois point à cela

La 4e fut vers la Rive. Il y avoit ici un détachement de dix huit dragons logés à discrétion dans le lieu pour faire payer la contribution. La plus grande partie estoit logée chez moi et avoint toutes choses à leur dévotion. Je me trouvai à la Blache, le soir je vins à la Rives, chez Palis où nous étions quelques uns pour tâcher de pourvoir à cette affaire et entre autres Pairon. Tout d'un coup nous entendimes venir des dragons et, sortant en diligence pour prendre le chemin de la Blache, Pairon et moi, ils nous tirèrent un coup de fuzil qui ne fit mal à personne, étant déjà nuit et n'ayant pas le loisir de tirer droit.

La 5e sur le Rône à la conduite de ma fille de Boulogne à St-Paul ; nous nous embarquames au Pouzin pour dessendre un peu plus bas ; mais le vent estoit si fort qu'il fesoit remonter l'eau, empechoit d'avancer et en jettoit beaucoup dans le bateau,

---

(1) Ici, l'auteur a rayé cinq lignes. On peut néanmoins lire les derniers mots : « avec le ministre de Gluiras, ce que n'ayant voulu faire, il me le reprocha. »

(2) De la famille de Sautel.

qu'il falloit toujours vuider. Nous fumes contrains à mi-chemin
de Baïx de prandre terre en attendant que sur le soir il y eut
quelque modération, ce qui fut vrai. Enfin avec toutes les peines
du monde nous nous rendimes à Baïx. C'estoit en aparence un
pronostic des malheurs continuels qui ont depui acompagné ma
fille dans son mariage, à cause de la mauvaise conduite et prodi-
galité de son mari qui luy consume tout son bien, ce qui l'a
obligée de se faire séparer en biens au parlement de Grenoble
pour y mettre ordre.

[P. 113]   1706. — Mon Testament

L'incertitude de notre vie et les périls auxquels nous sommes
continuellement exposéz, nous obligent à songer souvant à la
mort et à nous y préparer pour n'en estre surpris, et à regler nos
affaires le mieux que nous pouvons affin qu'après nous les
notres ne soint en trouble ; ce qui m'a porté à faire un dernier
testament de ma main pour que cela n'arrive entre mes enfans
touchant le peu de bien que je leur laisse. J'en ai fait en d'autre
temps trois receus par notaires, mais comme ils sont à présant
inutiles à cause de diverses choses qui me sont depuis arrivées,
il a esté à propos d'y pourvoir par ce dernier et de les révoquer
comme j'ai fait. On le trouvera dans mes liasses écrit et signé de
ma main, réglant tout ce qui peut disposer une affaire de cette
nature.

La négligence de plusieurs chefs de famille est pitoyable qui
fu[i]ent toujours de texter comme s'ils estoint immortels et sont
déceus par la mort qui arrive bien souvant par accident. Après,
la division est dans leurs maisons qui se détruisent d'elles mesmes;
surtout cela est ordinaire à jeunes gens qui selon les apparences
ont long temps à vivre, et c'est ce qui les trompe, la mort arri-
vant inopinément et en prenant des jeunes comme des vieux. Le
deffaut de testament à mon fils ainé couste bien dix mille livres
à la maison, car il vouloit [P. 114] faire mon autre fils héritier et
en priver sa propre sœur et faire [jusqu]'à mile ecus de légas aux
deux autres ; mais s'estant contenté de faire une minute de sa
main, informe, et différé de jour à autre d'y pourvoir à propos
pour n'en faire bruit, quoique sa maladie ait duré quelques mois,

il est mort enfin ab intestat et ses biens libres ont esté partagés entre sa sœur germaine et moi, qui s'en est pourtant prévalu de beaucoup plus que moi, comme ayant entre ses mains toutes choses, ayant pris l'office et les biens à vil pris.

EXHORTATION A MES ENFANS A L'AMITIÉ

J'ai une exhortation générale à faire a mes enfants qui est de s'aimer fraternellement, d'avoir cette tandresse et concidération amiable que les enfants d'un même père doivent avoir les uns pour les autres. Cella est d'un bon exemple dans le monde et donne meme des grandes concidérations aux gens de ne s'en prendre pas, aux familles bien unies, mal à propos. On peut rompre un faisseau de verges séparémant, mais non pas tant qu'il sera bien lié. David, au ps. 132, loue et exalte cette simpatie fraternelle en ces beaux termes : « Qu'il est avantageux, qu'il est doux que les frères vivent dans l'union. » Notre Sauveur ne recommanda rien tant à ses diciples à la veille de sa mort que de s'entraimer les uns les autres, le leur ordonnant sur toutes choses. comme un commandemant nouveau, et c'est pour cela qu'il [P.115] leur lava les pieds pour leur donner un exemple des services mut[u]els qu'ils se doivent rendre.

Quoiqu'ils soint éloignéz les uns des autres ils ne doivent pas laisser que de s'entraimer toujours et de prendre part aux affaires les uns des autres et de se témoigner en toutes les occasions ce que la proximité requiert d'eux ; se communiquer par lettres et se voir de temps en temps en témoignage du parantage et d'une bonne amitié. Surtout le chef de la maison doit prévenir les autres et leur servir sur tout ce qu'il lui est possible et les recevoir avec tandresse et affection quand ils viennent.

Ce qui cause bien souvant de l'avertion entre frères et sœurs c'est l'intérêt et les procès qu'ils ont pour cela ensemble, mais je pense que les miens n'en viendront pas là, par le bon ordre que j'y ai donné par mon testament ayant bien pesé et examiné toutes choses et ils s'en tiendront aparemment là.

Il est temps que je dise quelque chose de mes enfans après m'estre étendu sur beaucoup d'autres choses et n'ayant guères plus à ajouter à cest écrit.

J'ai eu neuf enfans de mes deux femmes, cinq de la première dont quatre sont morts et n'en reste plus qu'un, à savoir Anne mon ainé et de la seconde quatre dont la plus jeune des filles mourut du vivant de sa mère comme il a esté remarqué ci-devant.

Je fairais quelques brèves réflections [P. 116] sur ces quatre qui me restent par un espèce de portrect de ce que je pui connoitre de ce qu'ils ont de bon ou de mauvais comme j'ai ci-devant fait de plusieurs autres de la famille tant anciens que modernes en quoi je suivrai l'ordre de prémogéniture.

PORTRAIT DE MA FILLE ANNE

Anne, femme pour son malheur de M. de Boulogne, est d'une taille médiocre comme sa mère, d'une constitution fort délicate, la poitrine fort débile, sa mère en étoit de même et cependant elle l'a survécu de beaucoup. Elle a les yeux tandres et défluctionaires qui est un residu de la petite vérolle, qu'elle eut ici à l'âge d'environ deux ans. Elle a un bon sens et jugement se conduisant avec prudence ; elle n'est point coquete n'ayant jamais fait parler d'elle qu'en des bons termes, et ainsi elle s'est toujours bien conduite sans reproche, tant fille que femme.

Elle est fort réservée en discours ne disant rien que bien à propos ; elle est bien agissante et laborieuse dans son mesnage, mèmes s'il faut ainsi dire avec excès, plus que son devoir ou sa condition ne porte, suivant les inclinations et attachemant au bien de son grand père avec lequel elle a demeuré une trentaine d'années et fait son mesnage avec un grand attachement et espargne qui n'est qu'avarice. C'est pourquoi aussi tous ses malheurs sont procédés de là pour n'avoir pas eu la concidération et affection [P. 117] pour sa famille qu'elle devoit avoir, car si elle eut voulu elle se serait mariée dans le pays beaucuop plus avantageusement qu'elle n'a fait et plus utilement pour les uns ou pour les autres, mais il n'y a eu que celui-là qui lui ait pleu, qui a esté son pis, ayant esté trompée en toutes manières.

Pour éviter une entière dicipation de ses biens, elle a esté contrainte de se faire séparer en justice ce qui lui couste environ 1000 l. et à son mari guère moins pour se déffandre.

Quoique je ne l'aye point forcée à ce mariage, l'ayant laissée
en son entière liberté, néanmoins j'en suis marri d'y avoir
consenti.

Enfin se sont des faits de Dieu qui nous sont incompréhen-
sibles. Une autre cause de son infortune a esté l'attachement pour
sa religion, n'ayant jamais voulu entendre a aucun parti catolique,
bien qu'il s'en présentat de fort avantageux ; cependant il n'est
plus le temps de faire ces différences puisqu'il n'y a que la seule
Religion catolique dans le royaume et qu'elle est la meilleure et
la plus seure de toutes.

Quant à son tempérament elle est mélancolique et flecmatique,
elle est pourtant prompte, ardente et colérique ; elle entend bien
ses affaires, s'y estant faite par necéssité ; elle a assés de l'esprit,
résonne bien, fort intelligente a tout ce qui peut regarder l'œconomie et la conduite d'une maison. Dieu lui donne plus de
bonheur qu'elle n'en a eu jusqu'à présant et l'attire au giron
de la vraye Eglise, comme je l'en prie tous les jours.

Portrait de la Judit

Judit est ma seconde fille et le premier de mes enfans du
second lict, mariée au sieur Fournier, de Tueiz, il y a déjà onse
ans passéz comme je l'ai dit sy devant.

Elle est de belle taille, bien proportionnée, seine et robuste,
d'un bon tempérament, elle donne beaucoup d'air à sa mère et
qui lui ressemble le plus de ses autres enfans, étant d'une humeur
docile, modérée et patiante comme elle ; elle est plus grande que
sa mère, mais non pas si grosse, la démarche déliée et hardie,
parlant aisément et bien à propos. Elle a le visage long, tenant
des Peccats. Elle a eu la petite vérolle depuis son mariage qui
lui a creusé le visage et procuré du mal aux yeux ; elle en fut à
l'extrémité. Elle est femme de bon sens, de bon entretien, de
bonne amitié, entenduë et agissente en son mesnage qu'elle
conduit assez bien, selon son pouvoir. On ne fait rien dans la
maison que de son avis. Comme ayant bonne conduite elle est
dans la meilleure réputation du monde partout, et surtout dans
ce pays là. Elle est honneste autant que ses forces le permet-
tent, charitable, affable, plaine d'amitié pour les siens, bonne

catolique autant que celles qui en ont toujours fait proffetion. Elle a un abort empressé raisonnablement. Elle écrit bien même pour le caractaire plus lisible que non pas les autres deux. Elle a la conscience bonne se portant en tout en une véritable chrestienne. Enfin elle est plustost digne de louange que de blâme, ne lui sachant aucune mauvaise qualité.

Dieu la conserve et la bénie de plus en plus.

Portrait de la Susanne

La Susanne est ma troisième fille et le second de mes derniers enfans ; l'ordre veut donc que je parle d'elle devant que de son frère. Elle n'est pas si grande que sa sœur, mais plus grosse et plus conforme de taille à sa mère ; elle est aussi plus délicate que sa sœur et ne souffriroit pas tant de peine. Elle a les traicts du visage assés réguliers, le corps bien proportionné, la main belle ; elle n'est pas d'une grande senté, estant parfois attaquée d'une violante colique et du mal de dents qui la fait beaucoup souffrir et en a fait tirer quelques unes.

Elle a bien de l'esprit et une grande lecture, s'explicant bien par écrit ; elle a un peu de difficulté à parler dès la naissence, tenant de son oncle Peccat qui en avoit été encore plus embarassé et non pas de moi ni de sa mère qui étoit fort libre pour cela.

Elle est bien adroite dans un ménage, sachant bien apréter comme sa mère qui y estoit habile par excellence, elle est aussi entenduë aux choses qui regardent les dantelles, la tapisserie et autrés choses qui conviennent aux filles. Elle se fait aimer et considérer partout où elle passe ; elle aime la compagnie et les divertissemants honnestes, et s'en tire avec honneur ; elle est entendue au jeu de cartes et y a du bonheur ; elle est honneste selon sa portée. Elle est bonne catolique et a mesme demeuré six mois au couvant à Tournon. Elle a la repartie prompte ; elle est fort sobre et mange peu pour la force de son corps. Au reste peu de chose la dépite, estant assés prompte et violante et voulant estre ménagée et conduite plutost par la douceur que par la force.

[P. 120]   Portrait de mon fils Marc

Je viens enfin à mon fils, le dernier de mes enfans vivants, mon héritier et légitime successeur pour lequel surtout j'ai travaillé toute ma vie,

Il est de belle taille, aussi haut que moi, mais non si gros, ayant le visage long et maigre comme M. Peccat, son oncle, bien proportionné, autrement fort et vigoureux, de bonne constitution et senté, hardi, pront et courageux, intrépide, ayant beaucoup de cœur, comme il l'a fait paroitre en plusieurs occasions dans ce pays de Boffre où il demeure depuis quelques années, où les gens sont fort mutins et débauchés et républiquains, s'estimans autant les uns que les autres, ce qui me fait souheter de le faire revenir ici le plustot que je pourrai, où les gens sont plus modérés et paisibles.

Il est laborieux ; il s'attache bien à ses affaires, il les entend bien et s'y fait tous les jours. Il a bon sens et jugemant. J'espère avec l'aide de Dieu qu'il conduira bien toutes choses et que, s'il vit jusqu'à un âge convenable, qu'il faira bonne maison et se liquidera quoique bien engagé quand à présent plus de la haut que de là bas.

L'année passée (1706) il fit un grand effort de retirer le moulin du Pont, comme j'avois toujours souhetté d'y faire une bonne chaus[s]ée et y mettre des meules françoises, ce que lui cousta une centaine d'escus outre environ 400 l. qu'il faut rendre au pantionnaire pour son dédomagemant ; avec le temps il faira là un gros revenu.

Cette année. 1707, il a fait une belle acquisition de dix huit cétérées de terre à sa porte, joignant sa maison de long en long augmantant par ce moyen le bien de sa femme d'un cinquiesme, outre la commodité et la bienséance il évite un fâcheux voisin, c'est pourquoi il ne pouvoit jamais rien faire de mieux pour lui. J'en ai une joye particulière.

[P. 121] Je lui ai donné plusieurs bons avis ci-devant, dont il en doit profiter et se corriger de ce qu'il déffère trop à ses sentiments et qu'il est opiniastre et fixe en ses résolutions, s'emportant un peu trop facilement. La modération est toujours bonne.

7

Il n'est pas caressant et populaire, il a l'abort sérieux, manquant en cela de gayetté et d'empressement ce qui est facile à s'en corriger et c'est pour cela que je le dis, chacun ayant des deffauts et moi comme les autres et il en faut faire son profit quand on en est averti.

Mais à cela prés qui n'est pas concidérable et facile à s'en corriger, il a des trés bonnes qualités, et j'en louë Dieu de laisser mes effects en si bonnes mains, et j'en mourrai plus content de laisser un si bon successeur qui soutiendra honnestemant l'honneur de la maison et qui ne dégénèrera en rien de nos braves prédecesseurs, faisant la cinquième génération en droite ligne et il aura mieux dequoi que les autres tant de son chef que de celui de sa femme pour se soutenir avec plus de force et laisser à ses enfans une concidérable succession, pourveu qne le bon Dieu le préserve de mauvaises affaires de querelles et de procès, qui sont la ruine des maisons. Il les faut fuir tant qu'on peut et ne s'y engager que par force, car ceux qui les aiment y consument tous leurs biens et se rendent miserables.

Je remarque encore en mon fils deux bonnes choses qu'il tient naturellement de moi et moi de nos prédecesseurs, surtout de notre bysayeul, le premier et principal chef de la maison, qui [P. 122] faisoit les choses noblement, savoir : d'aimer les réparations utiles et profitables et de fuir l'embarras, de ne s'engager en guères d'affaires de grandes conséquences et au dela de ses forces sous l'esperence souvant d'un profit imaginaire. C'est justement là mon naturel et suis bien aise qu'il soit le sien ; et ce sera le moyen de laisser son bien plus liquide à ses enfants. Il y a aparence qu'il en aura bon nombre lui et sa femme estant tous deux jeunes et de même age, ils en ont eu déja quatre dans six ans, dont les deux premiers sont morts et les deux derniers qui sont des garsons se portent bien, loué soit Dieu, et en auront bien d'autres.

Mon fils a plusieurs autres bonnes qualités que je ne dois pas passer sous silence. Il est fort sobre à son ordinaire mangeant peu pour un grand homme comme lui ; il est bon ménager et bon œconome, memes entendu dans toutes les affaires domestiques et dans les autres du monde de la pratique et en quelques lassons du droit, pour avoir demeuré et bien profité avec des habiles gens de la profession, dressant toute sorte d'acte sans peine. Il a l'esprit presant et s'explique facilement avec assez d'ardeur. Il soutient bien la cause de ceux qui l'employent et sert de bon cœur ses parents et amis dans les occasions. Il est domage qu'il n'ait pas étudié car il se seroit encore rendu plus capable. Il est homme de bon compte et tous ceux qui ont affaire avec lui s'en louent.

Il paye bien ceux qui le [P. 123] servent et les renvoye satisfaits ; il est honneste chez lui et quand il traite ses amis il s'en acquitte bien. C'est pourquoi aussi j'ai toujours eu une grande tandresse et affection pour lui comme je le lui ai témoigné en toutes mani[è]res et avons réglé nos petites affaires ensemble de nous mêmes sans en donner pe[i]ne à personne et combien qu'il me fasse une petite pantion qui ne suffit pas à la moitié de ma dépence, ayant d'ailleurs pour subvenir a mes besoins je ne la prens pas memes toujours toute et lui assiste encore et faits beaucoup de réparations ici du mien dont je me pourrois dispenser, qui lui sont utiles et avantageuses, de sorte que nous serons de bonne inteligence, société et amitié jusqu'à la fin, s'il plait à Dieu et voila ce que j'avois à dire sur son compte et les réflections que j'avois a y faire.

EPILOGUE

PAR

Marc MEISSONIER

FILS D'ISAAC

5ᵉ chef de la maison

[Mort d'Isaac Meissonier]

Après un temps il faut que tout vienne à sa fin suivant l'ordre de la natture. Je suis obligé avec bien du regrè d'escrire à la fin de cette istoire la mort de mon père qui aprés avoir resté tout l'hiver malade d'une hydrophisie est décédé le 14 avril 1709.

Je dois dire à sa louange qu'il a vescu et mort en bonne répputation après avoir donné des marques d'une véritable résignation a la volonté divine. Il est mort en bon catholique. M .Malartre, nostre prieur, ne l'ayant point abandonné jusqu'à la fin. Peu de jours avant il avoit faict son testament receu Mᶜ Rouvier, notaire. [P. 124] Il avoit veu pendant sa vie, qui avoit duré 79 ans 8 mois, asses des mauvaises affaires, Dieu n'a pas voulu qu'il visse ceux qui arrivèrent l'année de sa mort.

L'HIVER DE 1709

La postérité aura peine à le croire. Cest hyver fut si rude qu'il tua tous les bleds dans toute l'Europe. Je n'en eus que fort peu à mais *(sic)* domaines. C'est à dire moitié semence. La quarte du bled a vallu jusques à 7 et 8 l., et sans une Providence toute divine, tout seroit mort de fain. Le Dophiné qui estoit fort miserable fut obligé de regler un chacun à une livre de pain par jour. Enfin Dieu permit que les orges, legumes et milhets noirs prinsent dans le Dophiné si abondamment, mesmes dans ce pays, que cela a empesché les gens de mourir de fain. Ils seroi[en]t pourtant morts sans le secours du Dophiné qui avoit eu une si grosse quantité de grains qu'ils en ont nourri le Languedoc, du moins le Vivarets et environs.

L'hiver fut si rude qu'il a tué presque tous les chatagniers et noyers. Il ne m'en a presque point laissé au Pont, à la Blache, à la Combe et à Roves des mesmes qu'au Moulin des Bernards et Foriel qui sont du bien de ma femme. Il n'a pas tant faict de mal ici à S¹ Sauveur, ny à un domaine de ma femme apellé Roume.

Il m'en a faict pour plus de 300 l. de revenu.

[P. 125]. C'est une chose surprenante que des arbres qui avoint plusieurs siècles l'hiver les aye tués.

1709. DERNIERS CAMISARDS

Cest (sic) ne fut pas le seul fl[é]au que Dieu permit arriver dans le Vivarès. Il y en arriva un second dans les mois de may et juin la mesme année qui sembloit estre les trois fléaux : peste, guerre et famine ; les maladies commanserent a regnier la plus part ne vivant que des herbes comme les bestes par les près. Il s'esleva une bande de Camizards d'environ deux cens qui commansèrent par assassiner Mʳ de Vocance et le fils de Mʳ du Bay au bois de Rauzet, venant de la foire de Mézilhac, au mois de may (1). Ensuite ils se saisirent du chatau des Bocs près Gilhoc où ils prirent 100 fuzils, après quoy ils parurent ouvertement. Ils battirent, au lieu de Gilhot, des Suisses qui se getterent dans le clocher, sans quoy ils estoint perdus. Apres ils

---

(1) Cet assassinat eut lieu dans des conditions particulièrement dramatiques : M. de Vocance et M. du Bay tombèrent dans une embuscade habilement préparée par un abattis d'arbres, leurs cavaliers d'escorte furent tués méthodiquement à coups de mousquets. Le chef de la bande offrit la vie à M. du Bay comme ne lui étant pas particulièrement hostile. Ce dernier répondit : « Je suis avec Monsieur de Vocance et je partagerai sa fortune ». Un coup de pistolet l'abattit. Quant au survivant, M. de Vocance, il faut croire que les Camisards avaient un fort compte à lui rappeler, car il fut trouvé quelques jours plus tard, percé de quarante-six coups de poignard et à moitié rongé par les hôtes d'une fourmilière sur laquelle il avait été lié, respirant encore.

battirent au-dessus de St Fortunat le regiment de Boullet avec
des Suisses qui se sauvèrent qui desça qui de là. Mr de Courten,
commandant dans ce pays, les attaqua près d'Issamoulenc avec
4 ou 500 hommes Suisses ou François. Il fut obligé de prandre
la fuite et toutes ses troupes. Mr de Massilhan. de Baïx, capitaine
de fuzilliers y fut tué avec le commandant Suisse. La fuite sauva
le reste.

[P. 126] De là ils retournèrent dans l'haut Vivarès où ils
s'asemblèrent plusieurs fois pendant plus de 3 semaines, à la
vue de Vernoux, sans que Mr de Courten ni les troupes les
attaquassent attandant du secours. M[r] le Duc de Roquelaure et
M. de Basville, Intendant, venant dans ce pays pour y remedier
avec 5 ou 6 mille hommes. Et fut sur la fin de juin. M[r] de
Miroménil, colonel du régiment de Querci, avec ses deux
bathalions les trouva a un quart de lieu de Foriel, a un coutau
appelé Leyrisse, ou après un combat asses opiniatre, ces célérats
furent obligés [de] lacher prise. Cependant Mr de Miroménil y
fut blessé de deux coups de pierre, car ces gens se battirent en
désespérés ; après avoir fait leurs décharges, ils se meslèrent a
coups de pierre pesle et mesle avec les troupes qui estoint plus
de quatre contre un, car si la partie avoit esté esgalle il n'y avoit
pas moyen de résister.

Ils avoint mesme faict plier le second bathalion que le colonel
ralia d'abord quoyque blessé. Il y resta 60 ou 80 hommes. La
perte asses esgalle ; il y resta 5 officiers, les deux capitaines des
grenadiers tués et autres 5 ou 6 officiers de blessés et une 30[ne] de
de soldats sans les morts.

Enfin on a jamais rien veu de semblable, si bien les gens se
battirent. La nuit les sépara sans quoy les Camizards auroint
fait une plus grande perte par leur fuite. Le reste de cette troupe
se ralia et s'en alla du costé de la montagnhe ne marchant que la
nuit. Ils furent rendus à Fontréal près St-Jean-[P. 127] Chambre
où ils furent attaqués par les dragons du regiment de Chathilon
où tout fut mis en desroutte. Cependant le commandant des
dragons y fut tué. Dès ce jour là ils ne parurent plus. Les
commandants qu'on apelloit Habram et Daniel cherchèrent à se
sauver. Ils furent rendus a une petite maison près Gilhot. Habram

se sauva et Daniel fut tué. On song[e]a dès lors a prendre des complices. L'on en pendit ou rompit une 40^{ne} a Privas, St-Pierreville, le Chelard, St-Agrève et Vernoux. Cette guerre dura deux mois. Ces gens ne faisoint aucun mal sinon que prandre à boire et à manger, mais les troupes du Roy pilhoi[en]t partout, ce que les commandants tolhéroint. Je me garantis de ces ravages ayant un[e] sauve-garde du général.

Voilà en peu de mots les grandz affaires qui sont arrivés cette année. Dieu nous en donne des meilheures, et nous fasse la grace de nous amander et d'appaiser sa juste collaire !

Mon père e[s]t pourtant mort sans qu'il aye de rien manqué, ayant esté bien servi par moy. Il a eu de tout, loué soit le Seigneur, en abondance. Cette dizette m'a faict mal faire un peu mais *(sic)* affaires sans que ma familhe aye de rien manqué, sauf que le pain n'estoit que d'orge, milhet ou avoine.

FIN DES MÉMOIRES

EXTRAITS

D'UN

LIVRE DE RAISON

D'Isaac MEISSONIER

(1661-1674)

SOMMAIRE

I. La famille Meissonier, ses parents, ses amis. — II. La maison paternelle, son ameublement et sa bibliothèque. Les domestiques. Le chirurgien, l'apothicaire et le notaire. Le commerce local. — III. Recettes médicales. — IV. Les propriétés. — V. Affaires religieuses. — VI. Chronique locale.

Ce livre de raison n'est pas de ceux qui se peuvent publier intégralement ; il comprend trop de renseignements dénués d'intérêt, et ceux qui méritent d'être relevés sont forcément très dispersés. Nous avons groupé par sujet les passages les plus importants ; les autres ont été brièvement résumés. Nous ne pensons pas qu'on puisse nous accuser d'avoir été trop sévère.

I

LA FAMILLE MEISSONIER, SES PARENTS, SES AMIS

Voici d'abord quelques notes d'état-civil :

[*Mon mariage*]. — « J'ai faict promesse de mariage avec damoiselle Isabeau Floud, d'Anonai, le 10 du présent mois d'avril [1661] ; Dieu répande sa sainte bénédiction et accomplisse le tout pour sa gloire et pour nostre utilité comune. Il a esté accompli et béni par Mr Dosti le 29 dudit mois ». (fo 2)

« *Mariage de M' Floud et ma mère.* — Le 27 juin [1661]
Monsieur Floud, mon beau-père, et ma mère ont faict leur
mariage receu par M^eTrybuols, avant lequel et le meme jour ma
mère m'a fait une déclaration des sommes que j'ai payées à sa
descharge et dont je n'avais pas tiré quitance, receuë par qui
dessus ». (f° 4 v°)

[*Naissance et mort de mon fils*]. — « Ce 26 décembre [1661]
sur les neuf heures précisément, ma femme s'est accouchée d'un
fils, qui a esté présenté en bateme à l'absence de Monsieur Floud,
mon beau-père, et de ma mère, par mon frère Jaques, sieur du
Pont et par ma sœur Jeanne, à cause qu'il se trouvoit mal ; ayant
appréhandé qu'ils ne fussent pas arrivé à tems et qu'il mourût
sans bateme, ce qui a esté faict le 28 du présent mois sur les
quatre heures après midi, et l'ai faict nommer Pierre André, à
cause de mon beau-père, qui se nomme Pierre, et du père grand
maternel de ma femme qui s'appeloit André Léorat. Est décédé
le 29 dudit mois, parce qu'il n'estoit pas de terme ; il lui manquoit six semaines, et a esté batisé par moi, Meisonnier ». (f° 8 v°)

« *Augmant. Reçu 42 livres 17 sols.* — J'ai reçu des biens de
ma femme, outre sa constitution 42 l. 17 pour sa portion de l'augmant que honneste Marie Danti (1) avoit donné à Me André
Léorat son ayeul maternel et laute (?) ayeulle, ayant survécu
à sa femme, duquel augmant n'en ayant disposé, il a esté partagé
entre les enfans. L'acquit que j'en ai donné aux hoirs dudit
Me Léorat a esté reçu par Me Rignol, notaire d'Añonai, le 7 juin,
que je n'ai point retiré, comme m'estant inutile. Ce 9 juin
[1662]». (f° 14)

« *Naissence de ma fille.* — Ce vingtiesme jour du mois d'Aoust
mil six cents soixante trois sur les dix heures du matin damoiselle
Isabeau Floud ma femme s'est accouchée fort heureusement par
la grace de Dieu d'une fille, n'ayant gardé le mal que deux heures.
Dieu l'a bénie par sa sainte grace et la conserve ! Le landemain
sur le soir, se trouvant extremement mal et comme aux abbois,
n'ayant qu'à rendre l'ame, tant à cause des vers qui la pressoint

----

(1) **Ou Danti.**

extraordinairement que pour lui avoir donné un peu trop de hyacinte, j'ai esté contraint de la batiser sans pouvoir attendre sieur Pierre Floud, mon beau-père, ni damoiselle Suzanne de la Ville ma mère, que j'avois envoyé quérir incontinant pour ce sujet, et la fis présenter en bateme à leur place aux premiers qui se rencontrèrent là qui furent Mᶜ Bouria et damoiselle Anne de Vernes, femme de Monsieur du Montelit (1), notre voisine, et a esté appelée à sa considération Anne ». (fᵒ 20)

« *Testament de ma mère.* — Ce 2 mai 1664, damoiselle Suzanne Laville, ma mère, a faict son testament receu par Mᶜ Abraham Rioufol, notaire, par lequel il *(sic)* lègue à mes frères Jaques et Pol Meissoniers 600 l. et à Jeanne et Gaspare Meissonier, mes sœurs, 800 l., à sç[avoir] à chacun 150 l. pour les biens paternels et portion qui leur pourroit eschoir de la succession du feu Sʳ François Meissonier mon autre frère décédé après mon père ab intestat et le restant de son chef, et 20 l. aux pouvres de l'Eglise réformée de ceste paroisse. Quand au surplus elle m'a faict son héritier universel. »

« [*Mon second*] *mariage.* — Du 17. 9. 1672. J'ai ci devant le 14 de ce mois fait promesse de mariage avec demoiselle Isabeau Peccat, veuve de sieur Pierre Chabaud, de Bays. J'ai emprunté du cousin Aurenche, le fils, 44 l. pour subvenir à partie des frais qu'il me faudra faire. J'ai achepté de Mᶜ Rousson, marchand de Vernoux, un manteau de barracan gris, qui me revient, fait, à 33 l. y ayant 5 aunes et demie d'estoffe, et 9 moins quart de frise pour le doubler. J'ai aussi pris chés lui une grande couverte verte pour le lict vert de la chambre, qui servira de couverte pendante, qui me couste 16 l. Ce que j'ai donc pris en sa boutique se monte 48 l. 10ˢ, que je lui dois, ne lui ayant point baillé d'argent. J'ai comandé une paire de bottes à la mode à Mᶜ Barges, cordonnier de Châteauneuf, à qui je rends avec les miennes vielles 21 l. L'emplete donc que j'ai faite ce jourd'hui audit Vernoux revient à 60 l. Plus, du 6 X, j'ai pris chez ledit Mᶜ Rousson 6 l. 18 s. de marchandise, et ailleurs 4 l. en d'autres choses fournies et des-

––––––––

(1) **M. de Sautel du Monteillet.**

pensées [?] 7 l., une couverte indienne à Annonay chez Mᶜ Veyre
16 l. (Je l'ai payé ce 10 avril 1674, lui ayant envoyé l'argent par
Pierre Serpoul, mon valet). J'ai emprunté en tout du cousin
Aurenche 100 l., dont je lui en ai fait obligation, y compris 6 l.
d'intérêts pour une année. J'ai outre cela pris de Jacques Blache
15 l. de ce qu'il me devoit, que j'ai aussi employé aux frais de
mon mariage, et autres danrées j'ai peu avoir dans la maison. Par
ce moyen je me suis engagé, ou pour meubles, botes, manteau
ou frais de mondit mariage, pour 200 l. que ce peuvent monter
les dépences qu'il m'a fallu faire ou d'une fasson ou d'autre.

J'ai fait bénir mon mariage à Mʳ Brunier, ministre de Saint-
Fortunat le 8. 10. et enregistrer la bénédiction au registre des
batemes et mariages de ceste Eglise de Sᵗ Sauveur ». (fᵒ 63 vᵒ
et 64).

Meissonier marque même des événements familiers tels que
le détail suivant relatif à son jeune fils Floud, alors âgé de neuf
ans environ :

« Floud a comensé d'aprandre *l'Hortulus puerorum* le 28 avril,
dans un mois il en a bien apris 200 mots. Il est venu ici avec sa
sœur le 15 avril 1674. » (fᵒ 67.)

Plaçons ici une note, un peu moins souriante, qui concerne
l'auteur lui-même. « Ce 4 mai 1668 j'ai emprunté de Moïse
Fougeirol 6 l. 15 s. ; d'Antoine Roure, de Planchier, 5 l. 14 s. et
de Pierre Planchier le père 1 l. 10 s. ..... ; de ma cousine
Sibleyras, de Privas, 33 l. ; d'Antoine Serpoul, le fils de mon
grangier, 11 l. ; du cousin Aurenche père, 30 l. ; le tout pour payer
l'amende *d'avoir souffert qu'on m'ait donné la qualité de noble*, de
Mᶜ Salces, 20 l. Ai rendu huit jours après lesdites 20 l., comme
aussi tout le reste, fors à Fougeirol, que j'ai payé du 8 octobre 1668
en chastagnes ». (fᵒ 46).

Meissonier donne peu de renseignements sur ses autres
parents ; nous relèverons cependant quelques notes à ce sujet.

Le 20 juin 1663, il remet à Dˡˡᵉ Anne de la Pra, veuve de M. de
Roves (Gaspard Meissonier) son oncle, la somme de 150 livres
pour tous ses droits et prétentions sur les biens de M. de Roves.
(fᵒ 19)

Un autre M. de Roves (Paul Meissonier), frère de l'auteur,

fit ses premières études, avec ses sœurs, chez M. Allard, maître d'école à S¹ Sauveur (f° 11) puis figure plusieurs fois dans le livre de raison, Il fut mis en apprentissage chez M. Mondon, chirurgien à Montélimar (1662) au prix de 50 livres (f° 13). Le 13 avril 1668 il donna quittance (acte reçu par M° François Léorat, notaire d'Annonay) à l'auteur « de 150 livres que je lui ai baillées pour se perfectioner en sa profession, et s'esquiper pour le service du Roi, tant pour le voyage qu'il y a déjà fait de deux ans que pour celui qu'il y va faire présentement. De plus j'ai baillé pour lui au S⁻ Mondon, chyrurgien du Montélimar, son maître, 90 livres, comme il appert par l'acquit qu'il m'en a donné. Il a par ce moyen receu de moi en déduction de sa legitime 240 livres ; de sorte que, ne lui devant pour le chef de mon père que 150 livres, il tient déjà pour ses droits maternels, par avance, 90 livres : car pour d'intérêts, je n'en dois point pour ce regard pandant la vie de ma mère, ni pour mon père, en ayant esté payé avant son entier despart de la maison, arrivé sur la fin d'avril de l'année 1665, comme il est dit si-devant (1), depuis lequel tems il a demeuré dehors, à Orange ou à l'armée, car, pendant son apprentissage, qui ne dura pas une année et demie entièrement, comme il appert par actes, depuis lequel tems peut-estre il voudroit demander d'interests, je lui ai baillé ou à son maître pour lui 180 livres, ainsi ç'a esté toujours par deniers anticipés. Il est parti pour s'en retourner à l'armée, et aussi mon frère du Pont le 15 de ce mois » (f°ˢ 45 v° - 46). En 1670, cependant, M⁻ de Royes avait repris ses études de chirurgie (f° 54). Au mois de mars 1671, Meissonier inscrit encore des avances faites à son frère de Royes, dont 24 livres 14 sols « pour son voyage ». (f° 55 v°).

Son frère du Pont (Jacques Meissonier) étudiait, vers 1663, avec « mon cousin du Marché, le Ministre » (f° 18), il passa l'été de 1664 à Uzès et revint dans la maison paternelle le 12 décembre (f° 26). Il y était encore en 1666 et il semble qu'il commerçait un peu, vendant à son frères diverses marchandises notamment des

---

(1) Au f° 28. Ce folio est déchiré, on lit seulement, en marge : « Despart de mes frères. »

clous et « assiers » (f° 35 v°) et des peaux de chevreau, mais il dut cependant servir, car l'auteur lui prête 9 livres « pour son voyage en Piedmont » le 15 octobre 1666 (f° 37 v°). Il revint le 1er février 1667, et les deux frères comptèrent encore

Les sœurs de l'auteur, Jeanne et Gaspare, figurent rarement dans le livre de raison. En octobre 1667 Jeanne emprunte à son frère, 2 livres et 5 sols, tandis que Gaspare reçoit 2 livres « pour une paire de souliers ». (f° 44 v°) Jeanne habitait la maison paternelle avec son mari, le sieur de Péroles (Antoine Eschalier, dit Péroles, de Thueyts) ; ils se retirèrent en juillet 1669 et il est question à cette date, sans autres éclaircissements, de la rupture du premier mariage de Jeanne avec Marfoure. (f°s 50 et 51 v°)

Gaspare semble avoir demeuré plus longtemps à Saint-Sauveur, où elle eut un procès contre « la Pervenche » (peut-être un Sautel, s^r de la Pervenche). (f°s 54 v° et 61).

D'autres parents, paternels ou maternels, sont incidemment nommés au cours de ce livre de raison. Nous citerons, « le cousin de Lubac » qui, en 1666, fait l'acquisition d'une montre ; ce cousin de Lubac était un homme instruit, nous le retrouverons plus loin, avec « le cousin du Vernas », en parlant des livres d'Isaac Meissonier. M. de Lubac mourut vers 1669, il était marié. Le « cousin Meissonier » demeurait à Craux (1). Le « cousin Aurenche » habitait St Sauveur, il semble y avoir été exacteur des tailles en 1666, et, comme tel, compte avec l'auteur pour les gages de son ministère. On le rencontre souvent au cours du livre de raison, comme prêteur ou emprunteur. La famille Aurenche entretenait certainement de cordiales relations avec les Meissonier ; nous avons déjà vu « le cousin Aurenche le fils » avancer à l'auteur 44 livres pour les frais de son second mariage (2). Il y avait aussi le cousin Garayt, deux cousins

---

(1) Probablement Craux en Boutières, et non Craux près de Genestelle.

(2) On trouve aussi un François Aurenche, mentionné sans indication de parenté (f° 24). Ce François était le père de Jean-Jacques Aurenche qui épousa en 1650 Suzanne de Marcha, petite-fille de Pierre de Marcha (le Vieux), pasteur à Saint-Sauveur et frère de Pierre de Marcha (le Jeune), seigneur de Pras et auteur des *Commentaires du Soldat du Vivarais*.

Il était le petit-fils d'Etienne qui fit en 1529 une reconnaissance d'une partie

« du Marché » (1), le ministre et l'avocat. Le « cousin Fuzier »
était apothicaire, et fournissait parfois des douceurs : sucre,
dragées. La cousine Sibleyras demeurait à Privas. « Les
Terlincs » étaient vraisemblablement des cousins succédant à
Marie Meissonier, femme du sieur Noé Terlinc et probablement
fille naturelle de Pierre Meissonier, frère cadet d'Isaac Ier ;
ce n'étaient point de bons parents, ou du moins l'auteur soutint
et gagna définitivement le 4 avril 1664 un procès contre eux au
Sénéchal de Nîmes.

« Monsieur des Micheaux » est sans doute aussi un cousin,
mais il n'est mentionné qu'au sujet de difficultés d'intérêt. Citons
encore le « cousin Chambon » drapier à Privas.

Voici maintenant des parents par alliance. Ce sont des Anno-
néens. L'un d'eux Me Floud, est fixé à Vals, il est mentionné en
1662. C'est probablement « mon oncle Floud », vivant en 1670.
Un « cousin Floud » étudiait la théologie en 1667, nous le reverrons
en parlant de la bibliothèque de Meissonier.

« Le fils de ma tante Aléon, mon cousin » vient faire ses études
sous la direction de Meissonier ; il arrive le 12 avril 1664 et sa
mère paye 96 livres pour les leçons et l'entretien du jeune homme
pendant un an.

---

de ses terres au profit de la baronnie de Cheylus, reconnaissance dont nous
donnons ci-dessous un extrait.

STEPHANUS D'AURENCHE, *habitator loci Jarriès, parrochii Sancti Salvatoris
Montisaculi, anno Domini millesimo quingentesimo vicesimo nono et die
penultima aprillis, gratis per suos recognovit se tenere de dominio directo
nobilis Alexandri de Benefficio, domini de Cheylucio a nobili Ludovico de
Monasterio, videlicet terras sequentes :*
« *El primo quamdam terram* ....
....\...................
« *Sub censu annuo quatuordecim courtapphorum vini puri, clari, nitidi
et recipiendi ; unius carteyroni cumuli avene ; duarum carteriarum
siliginis et tam pro tailha quam pro censu undecim denariorum turonen-
sium et sub serviciis et jornalibus juris, facultatem etiam prerecognitarum.
Quos census ad mansionem Montisaculi solvere promittit dicto nobili et
suis anno quolibet in festo Omnium Sanctorum, cum et sub clausulis
opportunïs et necessariis.*
« *Actum apud Sanctum Salvatorem in domo Heustachii Runelli, testibus
presentibus : Matheo et Ludovico Valette, mansi de Valetta ; Jacobo Coste.* »
(Extrait tiré du Terrier de Bénéfice de Cheylus, parchemin, folio LXXXXVJ).

(1) Jacques et Isaac « du Marché », fils de Pierre de Marcha le vieux, frère
aîné de Pierre de Marcha, Sr de Pras.

Relevons encore, pour les généalogistes, les noms de quelques voisins plus ou moins notables, dont on distinguera l'importance à leurs qualifications.

M. du Colombier ; M. Allard, maître d'école ; M. de la Pervenche (Sautel) ; MM. de la Tour et du Prau (Vocance) ; M. Rioufol ; M. de la Rouvière ; M. du Bay ; Jean-Pierre Fougeirol ; M. Sautel ; M. de Colognac ; Mᵉ Daufin [pasteur] ; Mʳ Devors, de Garait ; M. de Pierregourde ; le Sʳ Danton ; M. de Beaulieu de Tournais ; le Sʳ Mallet ; M. du Monteillet (Sautel) ; Messire Just-Henri de Ginestous, seigneur et baron de Durfort, la Tourrette et autres places ; M. Denans (ou Devaus), étudiant en théologie ; Mᵉ Pierre Pouzet, de Geys ; Mʳ Reboulet, de Bravais : M. Durand ; Mᵉ Meissonïer, maréchal à St-Sauveur, qui n'est pas signalé comme parent ; M. de Sibleyras, Pierre Marze, Jacques Chabriols et Mˡˡᵉ Galimard, ces quatre derniers habitant Saint-Pierreville.

II

La maison de Meissonier existe encore, à Saint-Sauveur-de-Montagut ; elle n'offre plus rien de remarquable. (1) Il n'en a pas toujours été ainsi, s'il faut en croire Isaac Meissonier : « En ce mois de febvrier 1670, j'ai fait parachever la porte de la maison, à laquelle manquoit le dessus suivant l'ordre d'architecture, et les armoiries, ce que j'ai tout bien fait ajuster, estant à à présent une des jolies portes du pays Il m'en couste une quinzaine de livres, ayant fait aporter la pierre devers La Chièse à grand peine et despence et le masson y ayant employé 22 jours ». (f° 53 v°)

La maison est située au carrefour de la route qui suit le cours

____

(1) **M. Arnaud dit que Meissonier habitait à Saint-Sauveur une maison appelée Châteauvieux. Nous croyons ce renseignement inexact. Les Meissonier touchaient une rente à Châteauvieux, (Mémoires, p. 53), lieu dit situé près de Chalencon.**

de l'Eyrieux et de celle qui monte à Mézilhac par la vallée de la Glueyre.

Ses approches et son apparence ont été complètement modifiés par suite de l'établissement de ces deux voies.

Le portail objet des soins d'Isaac a disparu, mais la façade Ouest a conservé les deux tours qui faisaient l'orgueil du pasteur.

C'est aujourd'hui un hôtel tenu par les D^{lles} Dejoux. La transformation n'a presque rien laissé subsister de l'ancien aménagement intérieur.

Meissonier transcrivit dans son livre en 1669, après la mort de sa première femme un « estat au juste » des meubles de sa maison : nous ne le reproduirons pas en entier, tant pour éviter la prolixité, que parce qu'il est incomplet, ainsi que l'auteur a eu le soin de l'indiquer : « J'obme[t]s à dessein quantité d'autres meubles, parce qu'ils ne sont pas subjets à se perdre ». Nous noterons seulement : Linge. 24 linceuls (draps) tant fins que grossiers, bons qu'usés ; serviettes, 3 dousaines ; napes, 6 fines et 11 usé[e]s et grossièr[e]s, qui sont en tout 17 ; torchemains, une douzaine ; 9 chemises de feuë ma femme, 7 des miennes ; quelques bonnetes, rabats et mouchoirs.... Estain : 16 plats et 15 assiettes s'en estant perdu deux et 1 plat ; 2 salières (une fine et l'autre grossière) ; 2 flambeaux d'étain et un de lheton ; 1 esguiere ; 1 pinte ; 1 bassin à laver les mains ; 16 culiers d'estain, 6 d'argent, 3 lampes de fer..... ; 4 litcts garnis d'estoffe, la garniture de celui de la salle estant de sarge rouge, celle d'un de ceux de la chambre de cadis vert, les deux autres n'estant guère bonne ni grand chose ; il y a vraisemblablement 4 garnitures de linge pour l'esté avec leurs dépendances et 2 vanes (1) de toile pour les 2 plus considérables licts. Il y a 2 tapis pour la salle, l'un verd et l'autre de diverse couleur... Il y a dans un des coffres de ma femme outre ses habits, son linge et autres petites choses les deux gaserans (2) d'or, le jouet d'argent pour les enfants......et 7 bagues d'or y compris le diamant et le rond que lui ai donnés ». Le mobilier et le linge étaient en somme peu considérables ; le

---

(1) *Vane.* Ce mot désigne une housse ou couvre-lit.

(2) *Gaseran* ou *jaseron*, petite chaîne.

maître de maison s'attacha, dès le mois de juillet suivant, à compléter sa provision de linge et se vit alors en possession de 48 « linceuls », 15 chemises, et de nouvelles serviettes (f° 48 v° et 47) Mais tout n'a qu'un temps, et, dès 1672, quatre draps s'étaient perdus ; il restait 43 serviettes, 16 nappes, « s'en estant perdu une » et il fallut faire de nouveaux achats.

Il y avait dans la maison un certain nombre de livres ; nous n'avons pas malheureusement le catalogue de cette bibliothèque, mais nous connaissons les titres de quelques volumes touchant à des sujets divers : les questions religieuses paraissent comme de juste, tenir la première place. La présence, dans ce petit manoir des Boutières d'une grammaire grecque, et même d'une grammaire hébraïque, montre que les études de l'auteur avaient été poussées assez loin. Meissonier aimait à coup sûr ses livres ; on sait qu'il y a deux écoles parmi les bibliophiles : ceux qui prêtent et ceux qui ne prêtent pas. Les premiers comme Grolier, qui faisait frapper sur le plat de ses reliures la devise : *Grolerii et amicorum*, sont libéraux et généreux : les autres, qui, pour un peu, inscriraient sur le feuillet de garde le distique connu :

> *Tel est le triste sort de tout livre prêté :*
> *Souvent il est perdu, toujours il est gâté,*

sont jaloux... et prudents. Meissonier était de la première école ; il est vrai qu'il empruntait aussi des livres à ses amis. Rendons-lui la parole en laissant à quelque bibliographe patient le soin d'identifier les éditions dont on va lire les titres abrégés, et parfois déformés.

« J'ai presté il y a quelque temps à M. du Marché le ministre : *Syllabus Pasoris* ; à M. Vallette : *De l'action de l'orateur* ; à M. Cotte : *le Manuel du vrai Chrestien* ; à M. du Marché l'avocat ; *Janua linguarum. Grammatica græca Clenardi, Hortulus puerorum*, à M⁃ Chastagnon, ancien de Chambon : le *Traité de l'Eglise,* par Eustache ; à M. Durand, prêtre (1) : Dralincour, *De l'honneur de la Vierge* et *l'Histoire naturelle* de Pline, ce 29 janvier 1664 (l'a

____

(1) Il est à noter que ce prêt date de 1664, et qu'il est donc antérieur à la conversion de l'auteur. On voit d'ailleurs ce Mⁿ Durand, en 1667, prêter de l'argent au ministre Meissonier. (f° 41)

rendue) et lui ai baillé Josèfe [*Histoire du peuple juif*] ce
10 février 1664 (l'a rendu). M. Valette m'a aussi rendu ledit
livre *De l'action de l'orateur* ce 10 avril 1667. M. du Marché
l'avocat a toujours les livres susdits ». (fᵒ 21)

« J'ai presté au cousin Floud. estudiant en théologie, *Manuale
Buxtorfi, Psalterium* et *Grammatica ebraica*, ce 29 mars 1667.
Me les a rendus et laissés chez mon beau-père. » (fᵒ 48)

« Ce 21 octobre 1668 j'ai rendu à mon cousin de Lubac *le
Bouclier de la Foi, la Sonde de la Conscience, Du Bartas, la
Maison rustique* et *la Consolation des Malades* par M. Dumoulin,
les lui ayant envoyés par le garçon de son grangier de la Joye,
qu'il m'a ici envoyé pour les prendre, n'en ayant point d'autre à
lui ». (fᵒ 48)

« Ce 25 janvier 1669 j'ai presté au cousin du Vernas *Lexicon
Pasoris,* lui ayant ci-devant baillé la Grammaire grecque et le
Janua linguarum. M'a rendu Pasor ». (fᵒ 48)

Le livre de raison nous renseigne assez abondamment sur le
train de maison de l'auteur. Il est conforme à ce que l'on peut
supposer connaissant la modique fortune de la famille : un valet,
une chambrière, et, quand la nécessité s'en présente, une nourrice.

Entre 1661 et 1672 Meissonier engagea plusieurs valets, à des
gages toujours plus élevés chaque fois. Il est permis de penser,
cependant, que, même pour l'époque, ces gages étaient modestes.
Qu'on en juge : en 1661 Jean Lairal entre à la maison, comme
valet, aux gages annuels de 12 livres ; il y reste peu. Charles
Charon, de la Coste, lui succède en septembre ; il doit recevoir,
pour sept mois, 11 livres et une paire de chaussures ; mais il part
le 20 décembre ; Le 29 décembre Jacques Marlier accepte de
venir jusqu'au 1ᵉʳ avril, avec 4 livres 10 sous d'appointements,
mais il se ravise et ne vient pas. Le 27 mars 1662 Jacques Argaud
dit Aunaves est loué pour 20 livres par an, et Suzanne de la Ville
promet en plus une paire de chaussures. Il ne reste pas plus
longtemps que les précédents. Charles Bravais, fils naturel du
sieur du Serré, de Bravais, entre le 12 mai 1664 et reste près d'un
an (jusqu'au 27 mars suivant) mais ses gages sont de 23 livres
10 sous, sans autre chose. Enfin le 3 avril 1665, entre Jacques
Trenchat, de Saint-Michel [de Chabrillanoux], Meissonier le paye

35 livres par an, effort récompensé car Trenchat le sert pendant six ans, et ne se retire qu'au mois d'avril 1671.

Ce Trenchat était sans doute un véritable valet attaché à la personne de son maître, car il est payé à part lorsqu'il va moissonner ou battre le blé à Roves. On le voit même prêter de l'argent à Meissonier.

Entre temps, l'auteur louait à la journée ou au mois des domestiques supplémentaires, simples ouvriers agricoles, sans doute, comme Jacques Artaud, Alexandre Fougeirol et son frère, qui sont payés 4 sous par jour. Alexandre Fougeirol vient aussi pour un mois à 5 livres 5 sous et Moïse Fougeirol vient passer 4 mois pendant lesquels il est chargé de certains travaux de jardinage, et de faire cuire le pain ; Pierre Serpoul, fils de Louis, granger de Roves, aide Trenchat pendant cinq mois, au prix de 11 livres. C'est Pierre Serpoul qui devait succéder définitivement à Trenchat aux gages de 35 l. 10 sous et avec une semaine de congé.

Pour les chambrières on constate une progression analogue dans les gages, quoique moins marquée. En 1661 la servante Claude Banier a 12 livres de gages. En 1662 Gaspare Vioujas lui a succédé ; en 1663, c'est Jeanne Martin. Suzanne Mounier, qui entre en 1664, reste trois ans ; ses gages sont de 4 aunes de drap de maison, 3 toises de toile « partie grosse et partie prime » et 5 livres en argent ; elle doit se tenir chaussée, cependant on lui donne 1 livre 6 sous pour acheter des sabots. Claude Banier, revenue en 1668, touche 12 livres et se retire bientôt pour raisons de santé. En 1669 Catherine Noyer est payée 14 livres et 10 sous. En 1670 Catherine Chambon, des Sauteaux, chambrière, reçoit 4 aunes de drap de maison, 3 toises de toile partie grosse et partie médiocre, une paire de souliers et 3 livres en argent. Meissonier remarque à son sujet : « le 10 juillet 1671 je lui ai fait un habit de drap de boutique ; si elle demeure avec moi l'année antière, ce sera pour ses gages. » Enfin en 1673 l'auteur prend deux servantes, une « grande chambrière », Marie Palix, de Geys, paroisse de Gluiras, et une « petite servante », Marie Laimar, fille de Jacques, de la Costé ; la première reçoit 14 livres par an. la seconde 6 livres et ses sabots.

Judith Edobi, de Saint-Pierreville, entra comme nourrice au

mois de janvier 1664, elle était payée 30 livres par an. C'était une bonne nourrice, qui ne se retira qu'en janvier 1667 après avoir reçu « entier payement des trois ans qu'elle a allaité nos enfants. » Judith Comte, de Masléon, la remplace, elle n'est payée que 20 livres par an et se retire au bout de six mois. Meissonier se décide alors à mettre ses enfants en nourrice ; il commence par son plus jeune fils Jacques, qu'il envoie chez la femme d'Isaac Loubarie, à Palis, laquelle reçoit 2 livres et 3 sous par mois. L'année suivante, le 20 août 1668, c'est sa fille Jeanne qui est confiée à la femme de Joël Stra, du Tenebric, pour 40 sous par mois ; mais l'enfant meurt le 20 janvier 1669, n'étant resté que cinq mois en nourrice, et Stra se trouve « surpayé de 3 livres, qu'il lui faut faire rendre ».

Le médecin de la maison est un maître chirurgien, M. Reboulet, de Bravais ; c'est plutôt un ami, car il ne se fait point payer ; aussi Meissonier, pour n'être pas en reste, se charge de sa taille (9 livres et 5 sous en 1666.) M. Rioufol, le père, notaire à la Crose, est aussi un ami et ne se fait pas payer davantage pour les actes qu'il reçoit ; et Meissonier reconnait les bons procédés de son notaire comme ceux de son médecin, en payant une partie de sa taille (5 livres et 2 sous en 1665). Les apothicaires étaient le cousin Fuzier, dont la résidence n'est pas indiquée, et Mr Prégrand, qui demeurait à Vernoux.

Saint-Sauveur n'offrait sans doute pas de grandes ressources. On s'y faisait habiller, cependant, par Me Bourja le tailleur (ce dernier fut, on s'en souvient, le héros d'une aventure tragique rapportée dans les mémoires) ou Me Larivoi qui venait travailler à domicile. C'est sans doute par l'un d'eux que l'auteur fit faire en 1662 des « habits d'été » pour ses frères, et que fut confectionné en juillet 1663 pour M. du Pont « un habit de rasc grise, avec la quasaque », lequel habit coûta 16 livres, y compris les fournitures et les journées du tailleur. Mais dans les grandes occasions on allait jusqu'aux petites villes voisines chercher l'étoffe nécessaire. C'est ainsi qu'en 1669, après la mort d'Isabeau Floud, Me Rousson, marchand de Vernoux, fournit pour 71 livres étoffes des habits de deuil de toute la famille, et, avec la façon, la dépanse monta jusqu'à 80 livres. Il y avait pourtant a Saint-

Sauveur un drapier, Jean-Pierre Fougeirol, et un fabricant de serge, Jean-Jacques Bois. Le drapier Isaac Loubarie semble aussi demeurer à Saint-Sauveur, mais ils ne pouvaient lutter contre des commerçants comme le sire Christophe Blache, de Chalancon, et les Srs René Bernard (1) et Toscan, de Privas.

Saint-Sauveur possédait aussi des cordonniers : Me Bourja et Me Lamontagne, mais sur ce point aussi, Privas l'emportait avec Me Jacques Marlier et surtout Me Charles Roux qui avait la clientèle personnelle d'Isaac Meissonier et lui fabriquait des souliers de 6 livres, évidemment des souliers de luxe. A Privas encore, on trouvait un marchand de fer, Me Jacques Bravais, et un armurier, Me Louis Monteil.

<h1 style="text-align:center">III</h1>

RECETTES MÉDICALES

Nous reproduisons in-extenso le texte de ces recettes, moins pour leur utilité (elle semblera, croyons-nous, problématique) que pour ne point paraître forcer le style de l'auteur, homme grave qui n'avait certes pas l'intention de faire sourire ses lecteurs.

« Mal de dents. — Pour arrester le mal de dents, faut prendre une poignée de lierre, un feuillette de vin blanc ou clairet, mettre le tout dans un pot de la mesme grandeur, le faire bouillir tout doucement jusques à moitié, y mettre du sel comme pour un poutage et s'en rincer les dents du costé du mal, le plus chaud qu'on le peut souffrir, durant trois ou quatre fois, sans l'avaler pourtant. Après on n'i sent aucun mal. — [en marge :] est inutile. » (f° 4.)

---

(1) Celui-ci était un personnage considérable qui semble bien appartenir à la famille des Bernard de Saint-Arcons. Il avait un commis qui donnait des quittances comme la suivante : « Je soubzigné confesse avoir receu de Mlle Meyssonnier, des mains de Monsieur son fils le Ministre, la somme de quatre livres huit solz, comme ayant charge de Sieur René Bernard marchand de Privas, mon maistre, et ce pour reste de marchandizes qu'elle avoit pris cheux luiy le cinquième mars 1659, de laquelle somme je prometz l'en faire tenir quitte envers ledit sieur Bernard. A St-Sauveur, ce 13e juilhet 1661. Seguin. » (F° 5)

« Remède pour la matrice. — Pour apaiser la suffocation de matrisse, faut prendre d'eau-de-vie de la plus fine et la mettre sur une assiette, avec un réchaud y faire tremper du coutton et après qu'il aura beu l'eau de vie y faut mettre dessus de la mirre ou d'alloës en poudre et appliquer le coutton au nombril ; et le mal sessera encontinent. » (f° 4 v°.)

« Remède pour une femme incommodée de son urine. — Quand une femme relevée de couche ne peut pas retenir son urine, il y faut faire le remède suivant. Prenés de l'eau de la forge du mareschal, faite la bouilir avec escorce de chaisne qu'on met aux chuirs, (cuirs) gousses de gland de chaisne et escorse de migraine, jusques à la diminution du quart, et y trempés un linge pendant que l'eau est encore tiède, et l'appliqués sur le ventre ; réitérés cella par plusieurs fois et jours ; s'il n'y en a pas assés, en faites davantage, et sans doute qu'avec l'aide de Dieu ceste incomodité passera : c'est un remède expérimenté. » (f° 30.)

« Pissement de sang. — Pour arrester du soir au matin le pissement de sang à un beuf ou vache, prenés sang de dragon, terre sigillée et bolus armeniacus ; de chaque chose demie once ; pilés les bien ensemble, meslés les dans le mesme mortier avec de la paste ou levain pour incorporer le tout et en faire deux ou trois pelotes que lui fairés avaller, les lui mettant l'une après l'autre avec la main au fonds de la g[u]eulle. Il est certain que ce remède lui arrestera ce flux de sang, ayant esté bien expérimenté. — [En marge :] Ce remède n'a rien valu à la première et 2ᵉ fois qu'il a esté esprouvé, ainsi il n'en faut pas faire estat. » (f° 36 v°.)

IV

LES PROPRIÉTÉS

Les principales sont : le « bien » de Saint-Sauveur, « la grange » de Roves, et le moulin du Pont.

Au commencement d'avril 1671, Jacques Trenchat s'étant retiré chez lui, Meissonier jugea bon de mettre son bien de

St-Sauveur en « grange[e]age », c'est-à-dire de le confier à un métayer, Jacques Faure, de Masléon. Il coucha dans son livre de raison le texte de ce bail, que nous allons reproduire, parce qu'il donne une idée de l'importance du domaine.

Le bail est passé pour une année « et pour plus si chacun y trouve son comte ».

« Or, c'est sous les conditions suiventes : qu'il [Jacques Faure] payera la moitié de la taille, que je retirerai du premie[r] argent que nous pourrons faire ensemble ;

Qu'il me baillera 6 brochées de vin pour sa part et portion de la rente que je retirerai après la St-Martin.

Me baillera deux cents œufs pour dix poules qu'il tiendra, dont je lui en fournis sept avec un cocq, qu'il me rendra lorsqu'il quittera ; et si bon me semble j'en tiendrai quelqu'une de mon propre.

Je lui baillerai une paire de vaches avec leurs veaux et une paire de pourceaux au chap qui sera avisé, que je coucherai ci-après ; le tout à mi-guain et à mi-perte, tant le principal que le revenu.

Je lui baille ma vigne antiére, laquelle il me rendra, en quittant, provinée de quatre vingts à cent provins, comme j'ai fait faire cete année, taillée, liée et fossée, ainsi que je la lui baille présentement, et faira le tout en homme de bien. Aura soin d'accomoder la vigne que j'ai fait planter en la Bourcarie, tant pour la biner cete année que pour la clore et deffandre du bestail, fosser et biner en cas qu'il demeurâ[t] davantage ici.

Il me sera permis de prandre au jardin tout l'herbage qui me sera nécessaire, lequel [jardin] il me rendra fossé, lorqu'il quittera, comme il l'est maintenant, ensemble le verger.

Il me tiendra du bois pour mon chaufage qu'il charriera quand il voudra avec mon cheval, et le prendra au boix de Sentenac, suivant le droit que j'y ai.

Il me cuira aussi mon pain avec le sien.

Mon cheval sera nourri du foin provenant de mes prés, et ceux des visites que je puis avoir, au m[e]illeur mesnage néanmoins qu'il se pourra.

Il aura soin à la récolte de faire un paillier à Roves qu'il aportera ça-bas à sa comodité pour mesler ladite paille avec le foin, sans quoi il n'i en auroit point à suffisence.

Je me réserve de la maison la cave, la sale, le charnier, la petite chambre au-dessus de la cuisine, mon cabinet et le pig[e]onnier, où il n'aura rien.

S'il se nourrit des vers a soye (1), le profit en sera à partager, la graine fournie par moitié, et s'il faut arrenter de feuille, chacun en payera sa part.

Pour du fromage et du beurre, il m'en donner[a] suivant l'usage du pays et le temps que les vaches auront fait leurs veaux.

Et quand aütres fruits qui se receuilliront en mondict bien, ils seront à partager, se charge[a]nt moyennant cela d'en faire les cultures et les récoltes, sans que j'y contribue en rien :

Promettant d'entretenir le tout en bon père de famille, de prandre garde à mes bois et aux autres arbres tant qu'il se pourra qu'on n'i fasse du dégast et s'il faut ramoner *(sic)* les couverts (2), qu'il s'y aidera.

Me rendra mes prés nétoyés et prets à y mettre l'eau partout, comme je les lui baille.

Prendra soin memes cete année d'en enter des chastagnières ou faire enter ce qui se pourra, et d'en préparer quelqu'un pour l'année prochaine de ceux qui ne le sont point.

Me laissera du foin en la fenière, en quittant, pour la nourriture du bestail qu'il me rendra, et du moins 10 ou 12 quintaux, comme je lui baille.

Les vaches et pourceau ont esté appréciées à quatre vingt livres, sçavoir : une paire de vaches avec leurs veaux 70 livres et le pourceau 10 livres, que j'ai tout fourni du mien et que je retirerai la première chose venant à esprive suivant ce qui en a déjà esté dict, pour laquelle vache au laict freschement il me donnera.

---

(1) Voici un autre passage du livre de raison où il est question de vers à soie : « Ce 20 juin 1665, j'ai baillé à Mᵉ Vernet de la Traverse, 34 livres coucons de vers à soye, qui se montent, à raison de 12 s. la livre, 20 livres 8 sols, et mes sœurs lui en ont baillé 19 livres et demie, qui sont au prix susdit 11 livres 14 sols. » (fᵒ 29)

(2) Ramoner. C'est sans doute « ramener les couverts », c'est-à-dire rajuster les toitures.

20 livres de fromage et 5 livres beurre, et moi je lui baillerai 4 livres de sel pour saler les fromages, ou à proportion. Ainsi arresté ce 20 avril an que dessus. [Signé :] MEISSONIER. Ledict Faure est illitairé ». (f°s 55 v° - 56 v°)

Sur la métairie de Roves nous avons encore beaucoup plus de détails, car Meissonier la fit partiellement rebâtir en 1666, et si la construction existe encore on pourrait sans doute distinguer facilement les morceaux qui datent de cette époque.

« PRIFAICT DE ROVES. — Ce 15 janvier 1666 j'ai baillé à bastir ma grange de Roves à Guilhaume Faure, maistre masson, lequel m'y fera ce qui s'ensuit.

1 Il faira une voulte où demèure présentement le grangier, de 4 canes de long et de 2 et demi[e] de large, refera la muraille du costé de la bise, me taillera un grand portal à haussure pour la basse court, et les jambages d'une cheminée avec un armoire enchassé dans le jambage, le tout pour trente cinq livres, et je lui fournirai tout l'atraict à pied de muraille tant pour cella que pour le restant.

2 Il me taillera trois portes de médiocre largeur et hauteur, trois demies fainestres avec leurs ouvertures, comme aussi des portes, et m'ajustera la porte de l'estable que je veux changer du costé de la court, qui n'est pas assez haute et qui y faut une haussure toute d'une pièce ; et me fera aussi un esgayer, tant la pierre du fond que les jambages, qu'aussi une petite fainestre d'un demi pied de large pour vingt sept livres et six assiers, lesquels je luy ai présentement baillés, comme aussi huict livres six sols en déduction de son prixfaict.

3 Et quand au bastiment tant en la maison d'habitation du grangier que aussi en la basse court que je prestans de faire ceste année avec l'aide de Dieu il me le fera pour 29 sols la canne en lui fournisant chaux et autres matérieaux comme il a esté dict, sans estre tenu à autre chose, et mettra la chaux en matte, se munissant à ses fraits et despans des ouvriers nécessaires pour faire ledict ouvrage.

Et quand aux payements je les lui fairai à proportion qu'il travaillera sans estre tenu lui faire autre avence que ce que dessus et jusques à ce qu'il aura parachevé ma besongne il ne pourra s'engager ailleurs, lui fournissant ce qui lui sera nécessaire pour travailler.

A fin d'œuvre nous conviendrons d'un masson ou de deux pour arpenter le bastiment, au raport desquels nous nous tiendrons.

Le tout aresté en la présence de M⁰ Jacob Roure, de la Coste, de Charles Charon, dudit lieu, et de Jacques Trenchat, de la paroisse St Michel, qui n'ont sçeu signer, ni ledict Faure.

De plus il a esté accordé que je lui baillerois sur le tout six brochées de vin, qu il pourra retirer quand il voudra.

Et en cas qu'il me fasse une autre année le bastiment de la fenière, de 7 canes de long, 3 et demie de large et 4 de hauteur avec une voute d'un bout à l'autre, pour lequel j'ai convenu avec lui de sept vingt [140] livres il sera tenu de me rabattre le pan du costé de la cour, le mesurant ceste année et le lui payant avec le reste. Pour le prisfaict de la fenière je lui ai promis de l'estrener d'une charge de vin, et moyennant ce il y fera les larmiers (1) nécessaires aux estables et fenière, et aussi les trous pour jetter la pasture aux crèches. En foi de ce me suis soussigné : Meissonier. (2) » (fᵒˢ 34 vᵒ-35)

Ces travaux furent exécutés et Meissonier note les paiements à mesure qu'il les fait. Il achète la chaux aux « chaussiniers » Pol Chambon, des Sauteaux et Alligier, son associé. « Il donne à prisfaict (en janvier 1667) à François Vilotte dit la Combe, de St-Maurice [en Chalancon] l'aplanissement de la basse-cour de Roves, et ce n'est pas un petit travail puisque, de côté de la bise, il faut creuser au moins de la hauteur d'un homme. Ce travail doit être payé 26 livres, 4 assiers et 4 pots de vin. Meissonier a, pour son usage personnel, une chambre à Roves, qu'il fait blanchir.

------

(1) Petites fenêtres.

(2) Les notes suivantes sont ajoutées en marge : « Le portal est 9 l. — L'armoire 6 l. — Les portes sont la chacune à 5 l. 7 s. — Le larmier est à raison de 3 l. — L'esgayer est à 2 l. — Le gembage de la cheminée ou fainestre qu'il m'a taillée en peiremourier est arrestée à 11 l. — La petite voulte est à sa part 4 l. — Lui ai baillé à faire un four pour 14 l. et 4 assiers, et 4 pots vin ; cet article est demeuré sans effect. — La voulte pour ma chambre est baillée à Méo et à lui au pris de 21 l. La cheminée du grangier à 6 l., 3 pots de vin, lesquelz j'ai baillés au compère Méo pour lui. »

Enfin en juin 1669 il donne en prix-fait à Jean Rogues, maçon de Silhac, l'achèvement des travaux de Roves, c'est-à-dire la construction de la fenière, d'un four (qui doit être dans la cour, au couchant), d'un passage, pour entrer dans le logement du granger, avec un escalier sous lequel se trouvera un étable à porcs, et du percement de larmiers pour l'étable des brebis et celle des vaches.

Bien que ces travaux (on l'a vu par les Mémoires) n'aient pas été complètement achevés du vivant de l'auteur, Roves était certainement un beau domaine ; nous en ignorons l'étendue mais nous avons tout lieu de la croire assez considérable, puisque la taille montait à 40 livres.

Les grangers de Roves (1) louaient en général pour trois ans, et c'est la seule différence notable avec les baux d'aujourd'hui. Meissonier nous fournit les textes de deux de ses baux, le premier passé le 16 janvier 1662 avec Etienne-Louis et Jacques Trenchat, père et fils, de Saint-Michel[-de-Chabrillanoux], le second, en date du 29 mai 1665, avec Louis Serpoul, des Peires, dans la même paroisse. Les deux baux sont à peu près identiques, nous nous contenterons de résumer le second.

Il est valable, comme nous l'avons dit, trois ans. Meissonier et Serpoul partagent les fruicts et le bétail. Le propriétaire paye six journées d'homme pour aider à moissonner et à battre. Le granger ne paie que 15 l. de taille sur 40, mais il fournit le sel pour les fromages et le fer pour les outils. Il doit 70 livres de fromage de vache, brebis ou chèvre et 10 livres de beurre. Il doit donner du sel aux bêtes à cornes tous les quinze jours, et aux brebis au moins une fois par mois. Il fournit 300 œufs, une paire de chapons, une paire de poules et trois paires de poulets. Meissonier lui fournit une charrette estimée 4 l. et 6 saumées de semence, le reste devant être acquis par moitié. (f° 27-v°)

Le moulin du Pont était une charge pour diverses raisons. Il

---

(1) En 1661 le granger de Roves s'appelait Jean Argaud. Il eut un fils dont Meissonier fut parrain : « Ce 12 febvrier, j'ai battisé Isaac Argaud, surnommé Aunaves, fils de Jean et de Louise Aunaves, âgé d'environ six sepmaines, et a esté présenté en bateme par mon cousin du Marché l'avocat, qui a esté mon lieutenant, et par damoiselle Anne de Vernes, femme de mons' du Monteliet de Sautel. » (f° 1)

avait été acquis dans la seconde moitié du XVIᵉ siècle par Pons
Meissonier. Il était chargé d'une grosse rente de 28 brochées de
vin au profit de M. de Pierregourde, et surtout la béalière ou
chaussée était mal construite ; Meissonier, qui l'avait vu refaire
quatre ou cinq fois, dit que son rétablissement coûtait une
centaine de livres. De telles considérations le décidèrent à se
débarrasser de ce fâcheux moulin en l'appentionnant le 2 février
1662, à Simon-Pierre Trappe pour 37 livres 10 sols, « tant, dit-il,
pour me rédimer d'une depence perpétuelle, que de chagrin de
voir qu'on n'i peut point faire tenir de chaussée, comme aussi
afin de vaquer plus comodément et paisiblement a ma charge,
dont les réparations continuelles m'auroint grandement distraict.»
(fᵒ 10)

Les biens de Roves et ceux que l'auteur possédait au lieu de la
Blache relevaient du baron de la Tourrette (Just-Henri de Gines-
toux) succédant au chapitre du Puy, par acquisition de 1657.
Meissonier note même à ce sujet que cette vente de biens d'église,
inaliénables, pourrait créer des difficultés et qu'il est prudent de
conserver toutes les anciennes reconnaissances. La cense à payer
au seigneur était de deux brochées, 4 pots et [une] feuillette [de
vin], deux cartières de seigle, 1 carte d'avoine rase, 11 cartières
[d'avoine ?] combles, le tout mesure de Montagut, et 1 denier obole.

Meissonier devait encore 4 brochées de vin à Mʳ du Bénéfice,
pour la « rente de Cheilus » ; il payait à Pol Charbonnier, granger de M. du Bénéfice à Cévelas.

Mentionnons, par contre, que Meissonier recevait de ses
« pensionnaires de Marcols » une rente annuelle de 76 livres,
qui semblait provenir de prêts anciens. Les droits seigneuriaux
que Meissonier devait toucher, à Châteauvieux notamment,
étaient sans doute infimes ; nous n'en avons pas trouvé trace
dans le livre de raison.

V

AFFAIRES RELIGIEUSES

Nous ne pouvons pas refaire ici l'histoire de la carrière d'Isaac Meissonier ; nous nous contenterons de renvoyer le lecteur à *l'Histoire des Protestants du Vivarais et du Velay* de M. Arnaud, ouvrage déjà cité dans notre introduction. Nous suivrons seulement le livre de raison.

En 1661 Meissonier est ministre à Saint-Pierreville, (depuis le 1er mai 1662) et à Saint-Etienne-de-Serres, ou du moins dessert ces Eglises. Ses gages lui sont payés par les particuliers : M. de Sibleyras, Mᵉ Ortial, Pierre Marze, Jacques Chabriols, le sire Bai, Mᵉ Alexandre Serre, Mademˡᵉ Galimard, le cousin Meissonier, les hoirs de M. [Sautel] de Puaux, etc. La cote de chaque particulier figure dans un rôle, et elle est « croisée » lors du payement. Les anciens de l'Eglise centralisent parfois une partie de ces sommes.

Le total de ses gages s'élevait pour Serre (Saint-Etienne-de-Serres) à 158 livres, y compris les frais du synode.

En 1662, l'auteur est nommé dans son propre pays, à Saint-Sauveur, et quitte Saint-Pierreville en conservant Saint-Etienne de Serres. Ses gages annuels, pour Sᵗ-Pierreville, étaient de 159 l. ; Meissonier, desservant deux églises, avait donc des gages annuels de 300 livres, non compris les frais de son voyage au synode.

A Saint-Etienne-de-Serres, c'est la commune qui paye le traitement du pasteur, ou du moins qui le vote, car nous ne savons si les habitants catholiques figuraient sur les rôles de répartition. « Antoine Coste, consul de Serre, m'a achevé de payer des 150 l. imposées en son rolle, pour moi desquelles je l'ai acquitté au bout de son rolle. Ainsi l'église de Serre ne me doit plus que 50 l. pour le passé, lesquelles, jointes avec les 150 l. qu'elle me donne toutes les années, reviennent à 200 l. qu'elle doit imposer pour moi la présente année. » Et ailleurs ;

« Les Anciens de Serre m'ont remis sur Charles Grang[e]on, consul moderne, 150 l., imposées la présente année avec les deniers royaux, lesquels sont pour le service que j'ai rendu à ladite église de Serre, finissant au dernier jour de mai de la présente année, me demeurant redevable outre cela de 56 l. 10 s., pour quatre mois et demi qui se sont escoulés depuis ledit temps jusques au prochain synode. convoqué à S‌ᵗ-Fortunat au 1ᵉʳ du présent mois d'octobre 1666. »

Il en est de même à Saint-Sauveur-de-Montagut. « Ceste paroisse de Sᵗ-Sauveur a imposé la présente année [1665] la somme de 161 l. à sçavoir : 150 l. pour mes gages de ministre et 11 l. pour les fraicts du synode de l'année passée tenu à Valon, que j'ai fournis, et moyenant ce je dois faire en ceste Eglise les fonctions de ma charge jusques au quinsiesme jour du mois de septambre. » Et plus loin : « Le rolle tant de mon entretien que de la taille royalle a esté baillé à lever au sieur du Serré de Bravais. »

En décembre 1666, Meissonier quitte l'Eglise de Serres, pour « redonner » son ministère à Sᵗ-Sauveur, c'est-à-dire pour ne s'occuper que de Sᵗ-Sauveur. Mais le 15 septembre 1669 il est de nouveau chargé de Serres ; de même en 1670 et 1671. Il ne cessa, jamais de s'occuper de Sᵗ-Sauveur puisque, le 1ᵉʳ octobre 1671, il fait ses comptes avec le consistoire dudit bien « pour mes gages de ceste année finie au 1 de septembre dernier. » Et il note qu'il a servi cette communauté pendant dix ans et qu'on ne lui a jamais rien donné pour son logement, — ce qui se comprend, puisqu'il habitait dans ses propriétés. Il dit d'ailleurs dans ses mémoires qu'il a toujours demeuré à Sᵗ-Sauveur depuis le troisième synode auquel il ait assisté, c'est-à-dire depuis le synode de Vallon en 1662. Au mois de septembre 1671, il abandonne Serres, pour le Chambon, et fait ses comptes avec l'église de Serres, comptes d'une minutie rigoureuse, non que les sommes soient minimes (150 l. 15 s. et 37 l. 10 s.), mais il note que « la paroisse en corps » les lui doit, « c'est pourquoi il la faut solliciter à payer et à venir en conte, et, en refus, la poursuivre en justice, après avoir attendu pour le plus tard jusques à la prochaine imposition ». Il fut d'ailleurs payé petit à petit, donnant à mesure des quittances, notamment de « onse livres provenues du sol marqué qu'on donne à la Comunion. » Enfin le 1er octobre 1652 il revient dans son église de St-Sauveur et Serre, ayant servi au Chambon treize mois, « pour lesquels j'en ai tiré 384 livres. »

Le livre de raison, malheureusement, s'arrête là ; c'est au moment de la conversion de Meissonier qu'il aurait présenté sans doute les renseignements les plus intéressants.

Notre pasteur ne donne que peu de détails sur les travaux de son ministère ; il se contente même, et il n'en peut être autrement dans un livre de compte, de signaler ce qui se traduit par une dépense ou une recette. Nous apprenons seulement que « notre temple », (sans doute celui de Saint-Sauveur) a été rebâti en 1661. Le « prisfacteur » était Jean Garait, qui, le 25 mai 1661, reçut 14 l. 15 s. 3 d. « pour la première cotisation de son payement », c'est-à-dire pour une partie de la cote personnelle de Meissonier, qui acheva de payer le 15 novembre suivant, et le 3 mars 1664, cette fois pour les tuiles. Cette construction n'était peut-être pas autorisée, car, en 1665, M. du Marché fut « député pour le temple devant les commissaires en Languedoc » (fos 30 v° et 38) ; elle fut cependant certainement achevée, car en septembre 1667 M. Sautel empruntait 250 clous à l'auteur « pour faire ses bancs au temple ».

Pour terminer ce chapitre nous relèverons tout ce qui est dit dans ce livre de raison des synodes provinciaux.

« Le synode de ceste province s'est tenu ceste année 1662 à Valon au 5 de ce mois de septembre, et a duré jusques au 15, qui est le jour auquel j'ai esté donné à ceste église de St-Sauveur, qui aura la moitié du ministaire en la place de celle de St-Pierreville ». (fo 15)

« Ce 1er septembre 1665. le synode de ceste province a esté convoqué à Bais, où j'y ai assisté avec M. du Marché, député de St-Sauveur. C'est le sisième synode où j'ai assisté depuis ma réception. Les autres ont esté tenus : à Anonai en 1659, où je fus receu, les sieurs Reboul, ministre, et Baffor estant secrétaires. Audit Bais l'année suivante, les Srs Fauchier, pasteur, et Barruel, advocat, secrétaires. Le 3, deux ans après, à Valon, les Srs Daufin, ministre, et Richard escrivant les actes. Le 4 au Chailar, le

Sr Lamberd, du Pouzin, avec moi estant secrétaire. Le 5 encore à Valon, les Srs Valette, pasteur, et Estoile, syndic d'Anonai, estans secrétaires. En celui-ci les Srs Cotte, ministre de Saint-Vay, et Roumieu, de St-Fortunat, ont escrit les actes. » (f° 31 v°)

« Ce 8 décembre 1666, le synode de ceste province a esté convoqué à Valon. Dès lors j'ai sessé de precher à Serre pour redonner mon ministaire à St-Sauveur. En ce synode le Sr Homel, ministre à Souyon a esté modérateur ; le Sr Janvier, pasteur audict Valon, adjoinct et le Sr Valette, ministre du Gua a esté secrétaire, entre les mains duquel sont demeurés les actes. En ce synode les pasteurs estrangers ont esté interdits ». (f° 40 v°)

« Ceste année [1667] le synode s'est tenu à St Fortunat le 13 octobre. Les actes sont entre les mains de Mr Valette et du Sr Combier, de Charmes, secrétaires ». (f° 45)

Meissonier mentionne sans détails un synode tenu à Vallon le 15 septembre 1669 (f° 52) et un autre tenu à Baïx au mois d'août 1671 (f° 59). Il cite enfin le « synode tenu à Chalancon, convoqué au 20 du passé [20 septembre 1672] où les sieurs Valete, ministre du Gua, et Salomon, notaire, ont esté secrétaires ». (f° 63)

VI

Chronique locale

Ce chapitre, malheureusement, sera bref, et encore y sera-t-il question de la pluie et du beau temps.

« Le 8 du présent mois de febvrier et an [1663], est tombé une si prodigieuse quantité de nege en ce pays qu'il y a eu trois grands pans partout, chose inouie ici, au raport des plus vieux ; et a ensuite gellé si rudement qu'il ne se peut rien dire de plus, tellement que pour enterrer des morts il a fallu fandre la terre avec des coins de fer, les autres outils estant inutiles ; et la naige y a séjourné partout fort longtemps, et empêché tout comerse, allées et venues durant plusieurs jours. Le 17 du présent mois et an il en est tombé encore deux pans, laquelle jointe avec les restes de la précédente faict qu'il y en a quatre pans partout et sept aux pays eslevés » (1).

« Ce 14 septembre 1665 Louis Cols, accompagné de six ou sept hommes, a enlevé la vendenge de ma vigne de la Blache, en a emporté 12 banastées ; et en l'année 1663 il en fit autant, dont il y a informations, et en prit 24 banastées. Il en faut aussi faire informe présentement. Il y a eu pour tesmoins, entre autres : Moïse Rioufol, Jacques Leyrat son beau-frère et Jacques Trenchat ». (f° 31 v°)

« Mort de M. de Grauson, tué par le Sr Sanglier. — Du 11 juin 1699. Il est arrivé aujourd'hui un cas fort surprenant, qui mérite d'être remarqué à cause de la proximité du lieu et des personnes. Le baron de Letrange de Grauson (Lestrange de Grozon), homme distingué d'environ 50 ans, et qui a famille concidérable, estant au logis de la Trompete à Vernoux, avec les Sieurs Sanglier frères, Montreinaud, maire du lieu, et autres, poussa fort ces jeunes gens sur la mauvaise réputation de feu leur père, fort diffamé en son vivant, se conduisant deshonnestement, plustost en paysant qu'en gentilhomme ; en disant beaucoup de choses désadvantageuses. Après que l'aîné, juge de Vernoux, eut beaucoup souffert de semblables discours et qu'il se feut un peu deffandu, il dit : « Quoi qu'il en soit, mon père estoit aussi brave homme que le votre pour le moins. » Sur cela, M. de Grauson lui dit qu'il en avoit menti et se levant lui avansça un grand soufflet qui le renversa contre la muraille. Ils mirent tous deux l'espée à la main et Sanglier le cadet, dans la foule, lui donna un coup d'espée au ventre, dont il en mourut un quart d'heure après. Sanglier a un coup d'espée au costé, Montreinaud lui tira un coup de pistolet à la teste qui ne lui fit pas beaucoup de [mal] et a receu un coup d'espée (2), enfin, sans bon secours de quelques-uns de leurs amis qui se trouvèrent par là ces deux frères y seroient aussi demeurés, sur la place, car plusieurs les vinrent charger à tout outrence, c'est par une merveille qu'ils

---

(1) Cette chute de neige est signalée dans les Mémoires (p. 39) presque dans les mêmes termes.

(2) Cette phrase est rayée dans le manuscrit.

s'en soient tirés ; et, pour asseuré, les suites scront très méchantes à cause du voisinage et du grand parentage, ceste maison estant fort conciderable. Quand ils auroint une grâce, encore ne seroint-ils pas en seurté (1). — Ils l'ont eue, s'estant tous deux chargés du coup, ils l'ont fait entériner à Toulo[u]se après un séjour de 4 mois, condamnés à 3.000 l. de despens envers la partie civile, il leur en couste en tout au moins 6.000 l. » (F° supplémentaire.)

FIN DES EXTRAITS DU LIVRE DE RAISON

---

(1) Ce qui suit est ajouté postérieurement.

CONCLUSION

Les *Mémoires* et les extraits du *Livre de Raison* que l'on vient
de lire justifient, nous le pensons du moins, ce que nous disions
d'Isaac Meissonier dans l'introduction.

Nous avons, il est vrai, des raisons particulières d'être attaché
au souvenir de l'ancien ministre de Saint-Sauveur, car les
relations affectueuses entre la famille Meissonier et ses cousins
Aurenche gardèrent leur intimité à travers les temps jusqu'au
décès du dernier des Meissonier, de Saint-Sauveur, arrivé en 1860.

En 1787, noble Henri-Marc (ou Henri-Marie) de Meissonier
de Châteauvieux fut chargé, de concert avec Pierre Fougeirol,
de faire l'attribution entre les quatre fils de Jean-Louis Aurenche
des biens substitués par Joseph et Anne Aurenche ; ce fut le
cadet, resté dans le domaine de famille, qui fut élu.

Cet H.-M. Meissonier de Châteauvieux fut élu représentant de
l'Ardèche au Conseil des Anciens en 1798.

D'autre part mon grand-père, fils de Paul, l'un des déshérités
de 1787, épousait le 11 août 1810 Félicité Meissonier, qui des-
cendait d'une branche restée protestante et fixée à Trenchat,
paroisse de Saint-Etienne-de-Serres.

J'ai souvent entendu ma grand'mère me dire que lorsque
H.-M. de Meissonier de Châteauvieux voulut faire admettre son
fils Hercule dans les Gardes du Corps il se fit remettre les

originaux des titres de noblesse par ses parents de Trenchat qui les détenaient, ce qui démontrerait l'importance de cette branche encore existante.

Mais revenons, en terminant, à notre chroniqueur.

Qu'il nous soit permis de croire qu'en mettant au jour les *Mémoires* et le *Livre de Raison* de cet homme de mérite, doux et pacifique, savant et modeste, si profondément pénétré de l'esprit de famille, nous aurons apporté notre petite contribution à l'étude des sanglantes révolutions que fit naître en « *nostre Vivarès* » la révocation de l'Edit de Nantes, et que nous aurons fait partager au lecteur un peu de la sympathie que nous gardons à la mémoire d'Isaac Meissonier.

FIN

ERRATA

Page 3, ligne 11, *au lieu de* ce temps, sur   *lire* ce temps sur

»   5, » 13,   »   adjurer   »   abjurer

» 17, »   5,   »   et la fit   »   et le fit

» 25, » 10,   ».   sa mort. Arrivée » sa mort, arrivée

» 26, » 30,   »   lui permit   »   lui permet

» 32, » 29,   »   doit   »   voit

» 34, » 22,   »   près desquels   »   près, desquels

» 46, »   17, *après* terron *ajouter* (sic)

» 65, »   28, *au lieu de* rég[u]eurs   *lire* rig[u]eurs

» 69, ligne 30, *au lieu de* obigations   *lire* obligations

» 77, » 30,   »   fonctiou   »   fonction

AUBENAS, IMPRIMERIE HABAUZIT

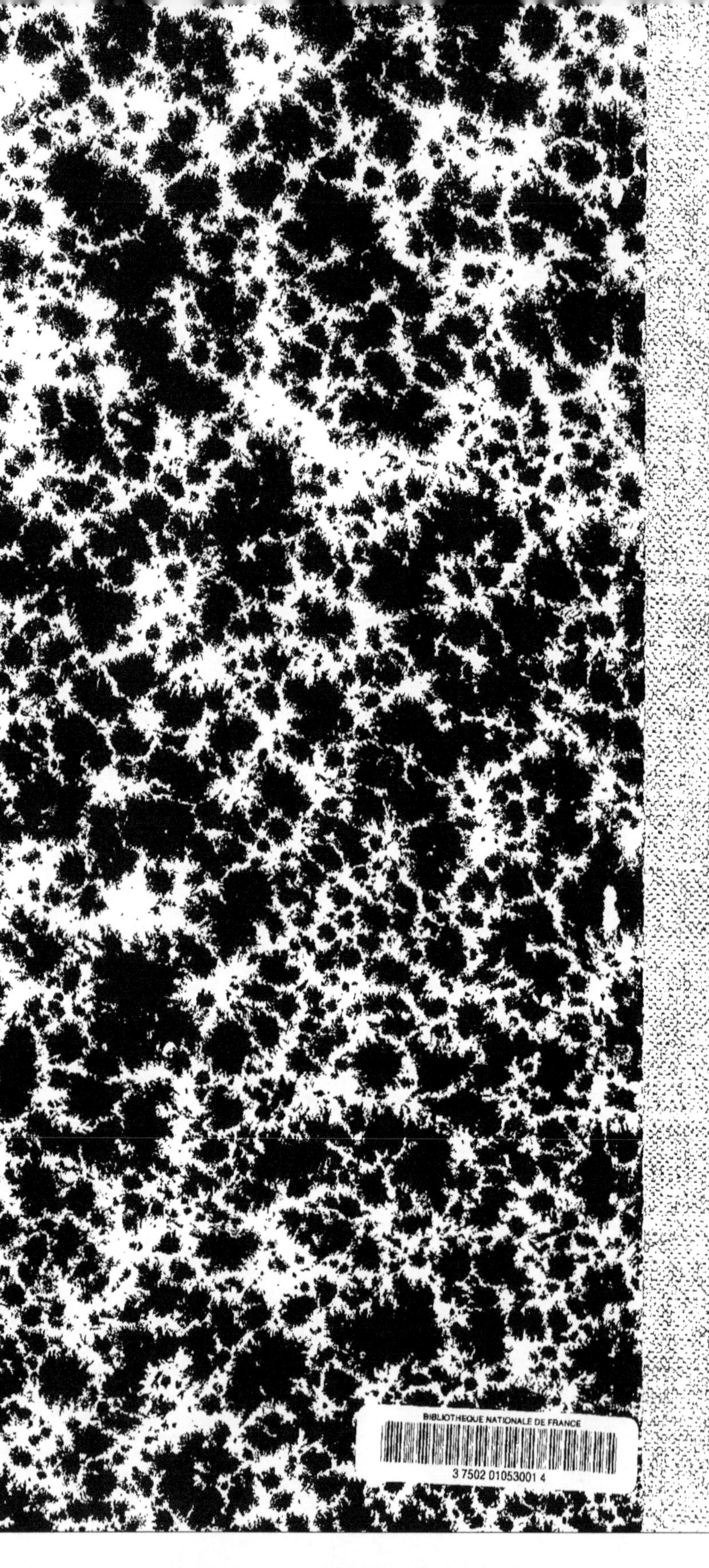

9 782014 430639